SIMPLY MANDALA

OVALICIOUS

Patricia Burke

COVER ART COLORED BY PATTY

ISBN: 978-1-951576-09-7

colorad00dle@gmail.com

COLORING TEAM

BRENDA HANSON

CARI MCBROOM JIMENEZ

DEB CAROL

DEBBIE CUMMINGS

DEE DEE BOSEMAN

JEAN MELLENGER

KATHY MOONEY

LIS SKINNER

LISA GOODWIN HALEY

COLORED BY PATTY

VICKI ARDITO

VICKIE ROWE GRIMES

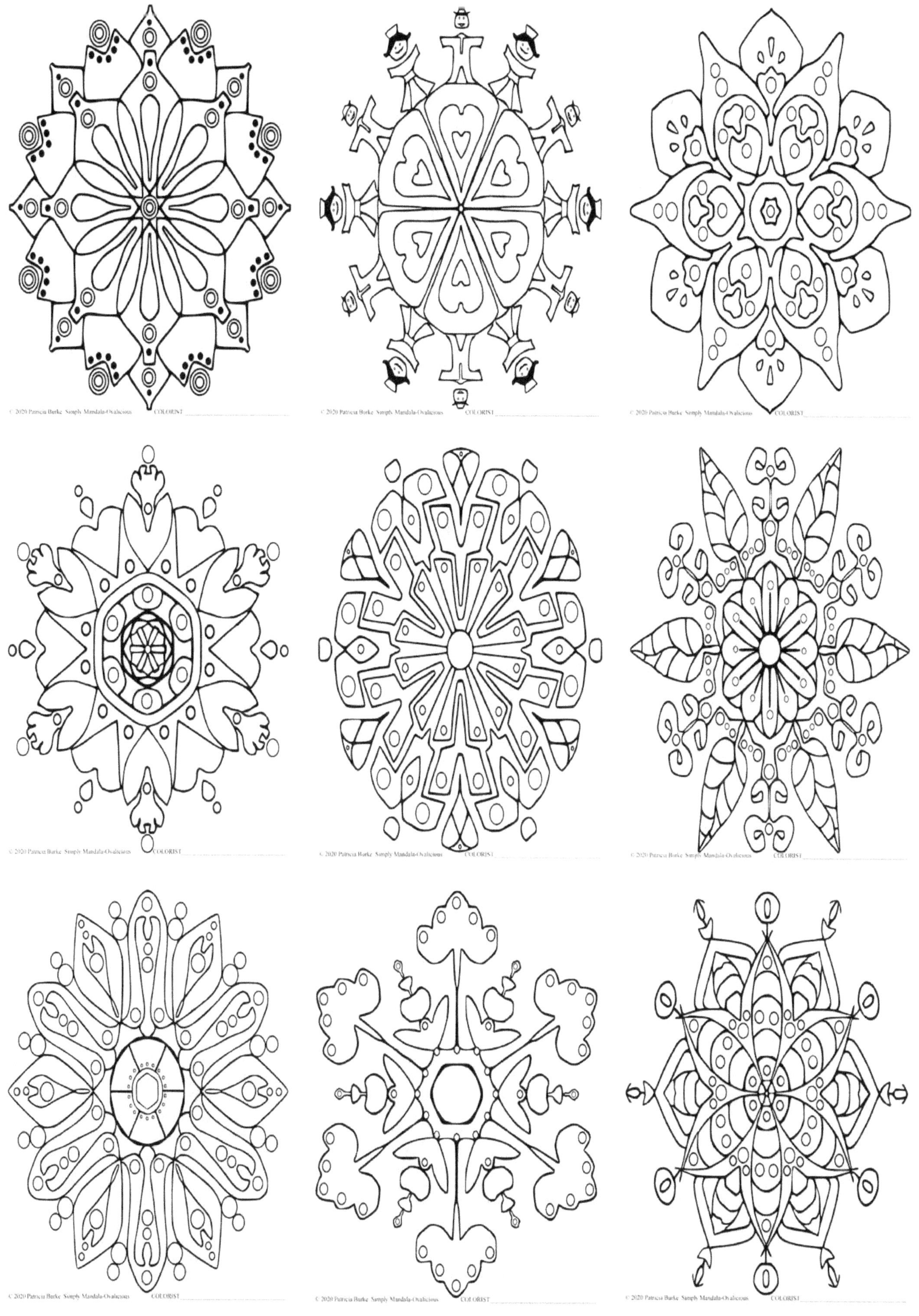
© 2020 Patricia Burke Simply Mandala-Ovalicious COLORIST
© 2020 Patricia Burke Simply Mandala-Ovalicious COLORIST
© 2020 Patricia Burke Simply Mandala-Ovalicious COLORIST
© 2020 Patricia Burke Simply Mandala-Ovalicious COLORIST
© 2020 Patricia Burke Simply Mandala-Ovalicious COLORIST
© 2020 Patricia Burke Simply Mandala-Ovalicious COLORIST
© 2020 Patricia Burke Simply Mandala-Ovalicious COLORIST
© 2020 Patricia Burke Simply Mandala-Ovalicious COLORIST
© 2020 Patricia Burke Simply Mandala-Ovalicious COLORIST

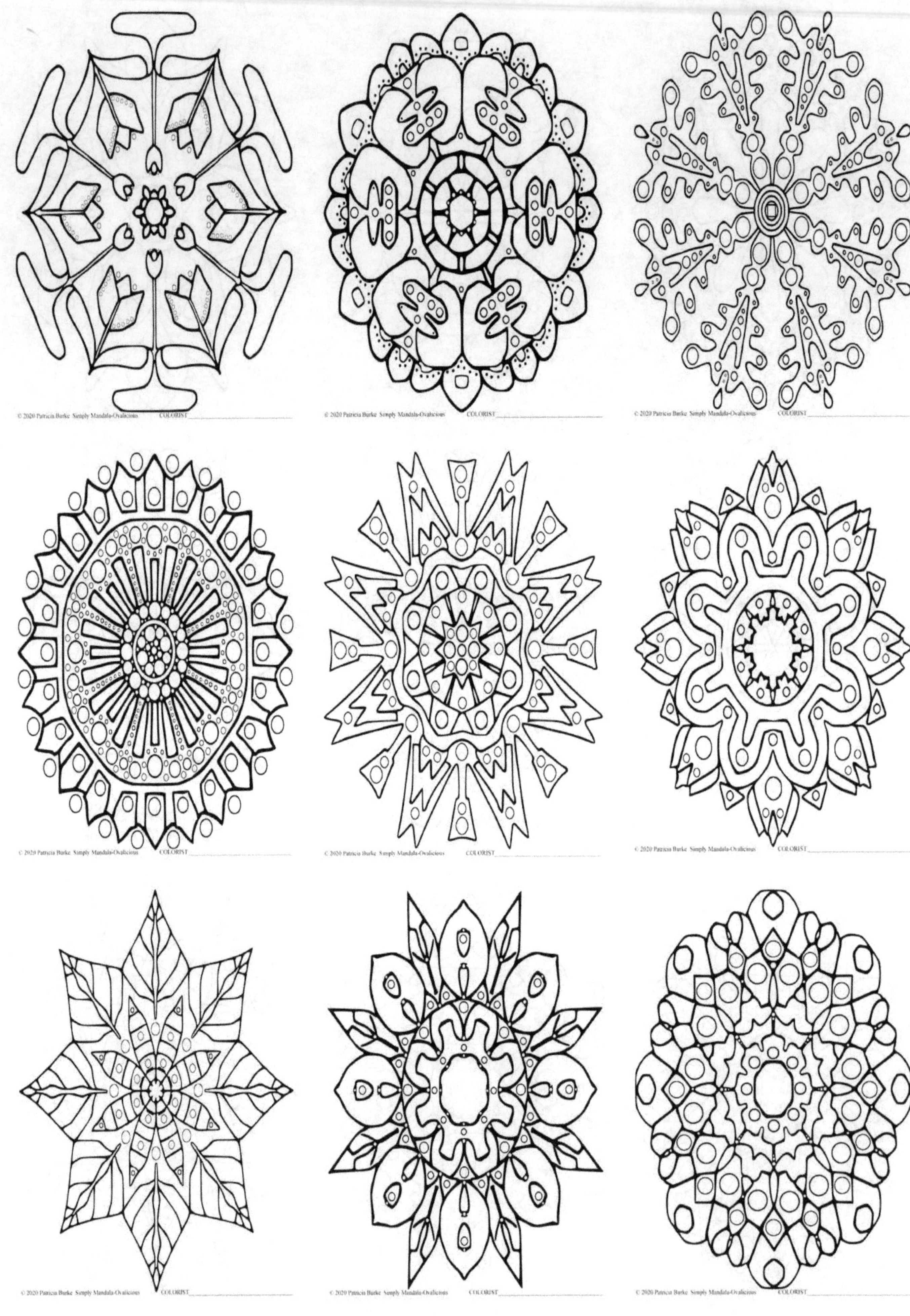
© 2020 Patricia Burke Simply Mandala-Ovalicious COLORIST
© 2020 Patricia Burke Simply Mandala-Ovalicious COLORIST
© 2020 Patricia Burke Simply Mandala-Ovalicious COLORIST
© 2020 Patricia Burke Simply Mandala-Ovalicious COLORIST
© 2020 Patricia Burke Simply Mandala-Ovalicious COLORIST
© 2020 Patricia Burke Simply Mandala-Ovalicious COLORIST
© 2020 Patricia Burke Simply Mandala-Ovalicious COLORIST
© 2020 Patricia Burke Simply Mandala-Ovalicious COLORIST
© 2020 Patricia Burke Simply Mandala-Ovalicious COLORIST

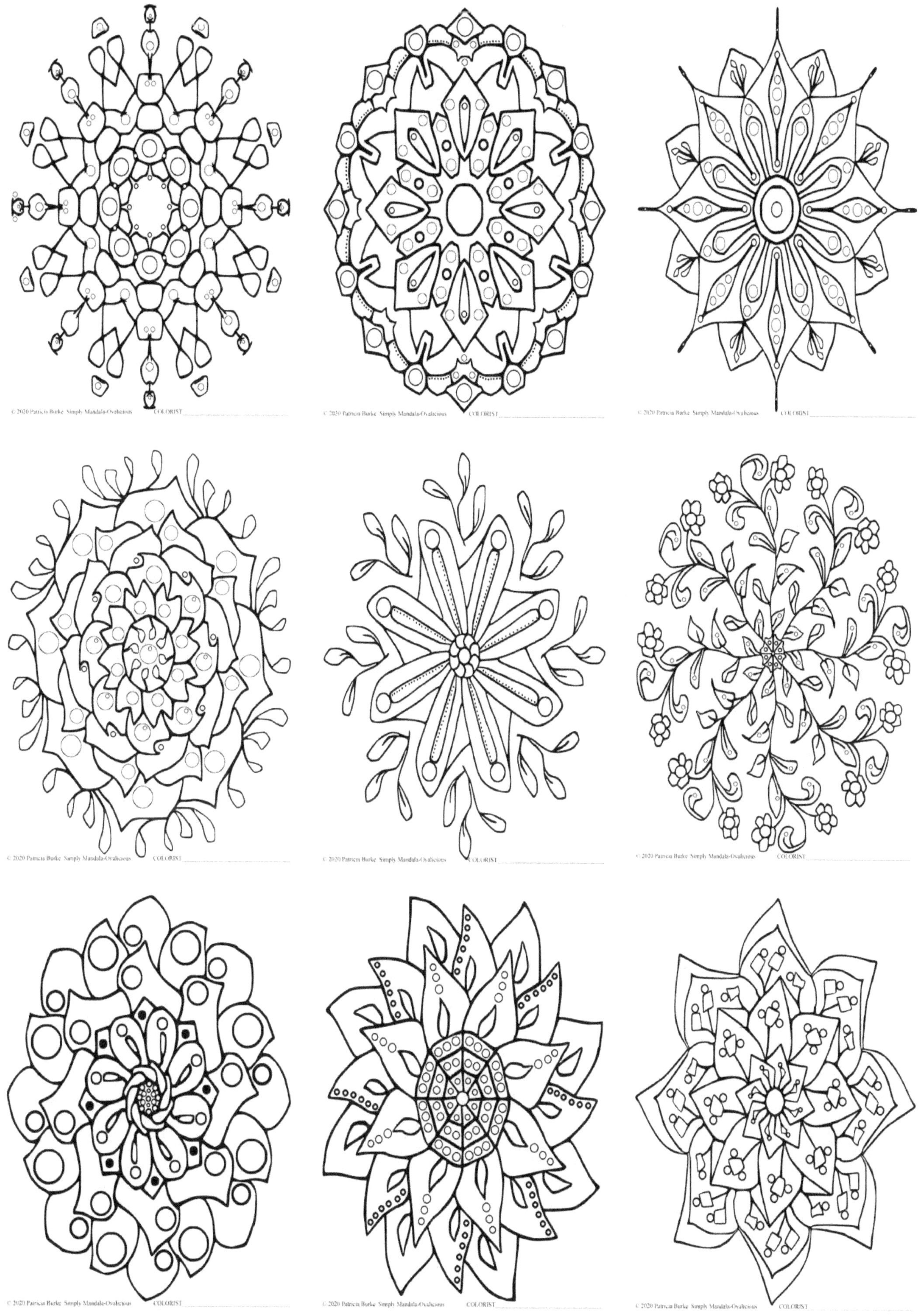
© 2020 Patricia Burke Simply Mandala-Ovalicious
COLORIST
© 2020 Patricia Burke Simply Mandala-Ovalicious
COLORIST
© 2020 Patricia Burke Simply Mandala-Ovalicious
COLORIST
© 2020 Patricia Burke Simply Mandala-Ovalicious
COLORIST
© 2020 Patricia Burke Simply Mandala-Ovalicious
COLORIST
© 2020 Patricia Burke Simply Mandala-Ovalicious
COLORIST
© 2020 Patricia Burke Simply Mandala-Ovalicious
COLORIST
© 2020 Patricia Burke Simply Mandala-Ovalicious
COLORIST
© 2020 Patricia Burke Simply Mandala-Ovalicious
COLORIST

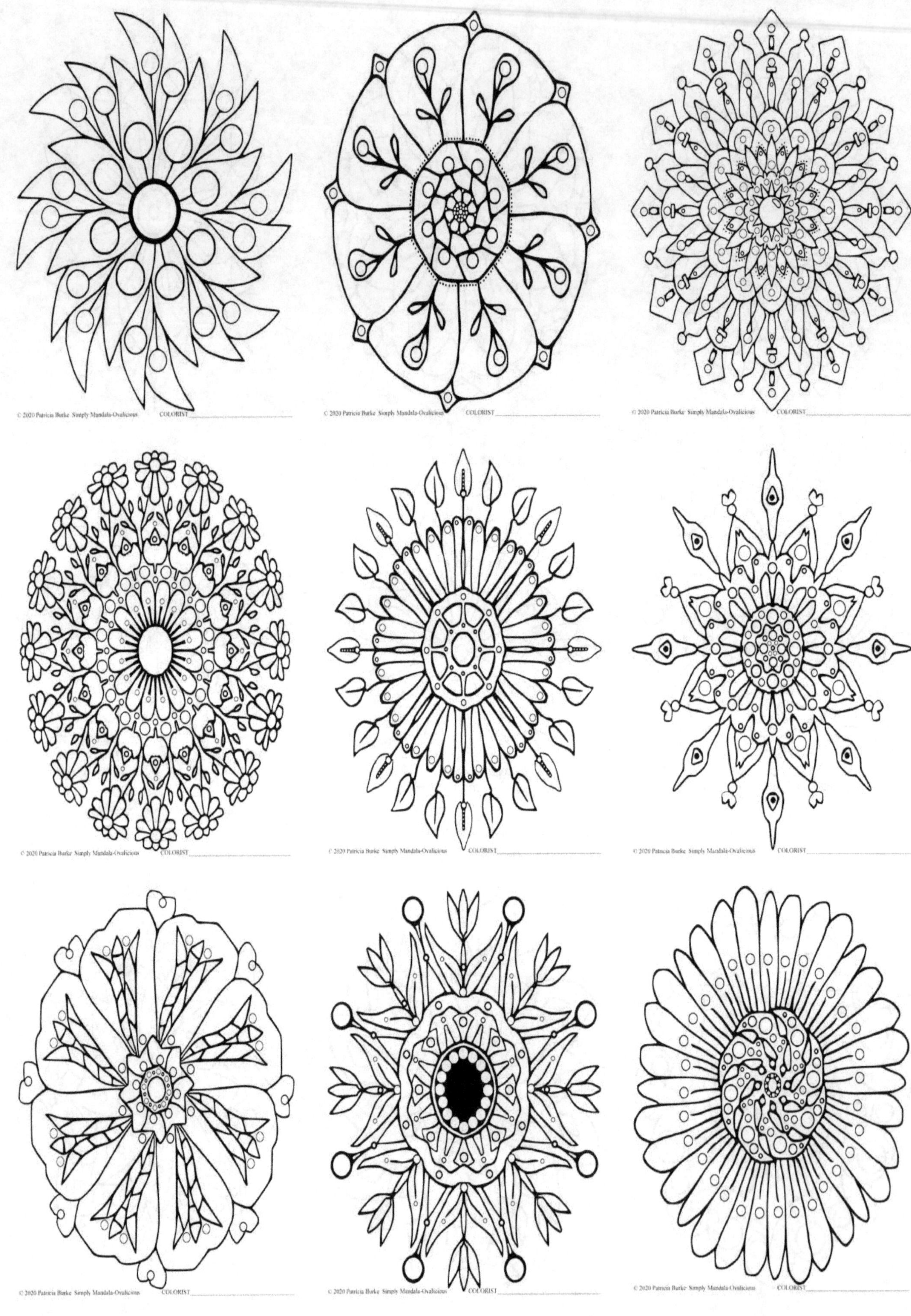
© 2020 Patricia Burke Simply Mandala-Ovalicious COLORIST
© 2020 Patricia Burke Simply Mandala-Ovalicious COLORIST
© 2020 Patricia Burke Simply Mandala-Ovalicious COLORIST
© 2020 Patricia Burke Simply Mandala-Ovalicious COLORIST
© 2020 Patricia Burke Simply Mandala-Ovalicious COLORIST
© 2020 Patricia Burke Simply Mandala-Ovalicious COLORIST
© 2020 Patricia Burke Simply Mandala-Ovalicious COLORIST
© 2020 Patricia Burke Simply Mandala-Ovalicious COLORIST
© 2020 Patricia Burke Simply Mandala-Ovalicious COLORIST

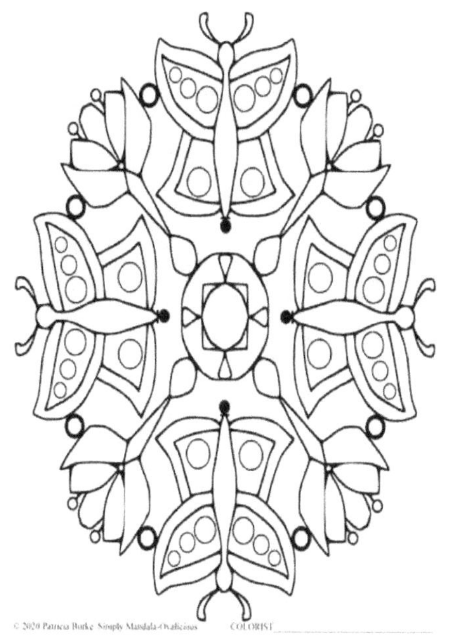

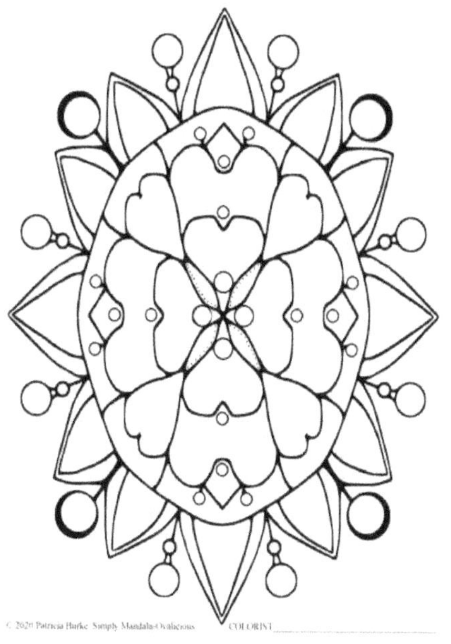

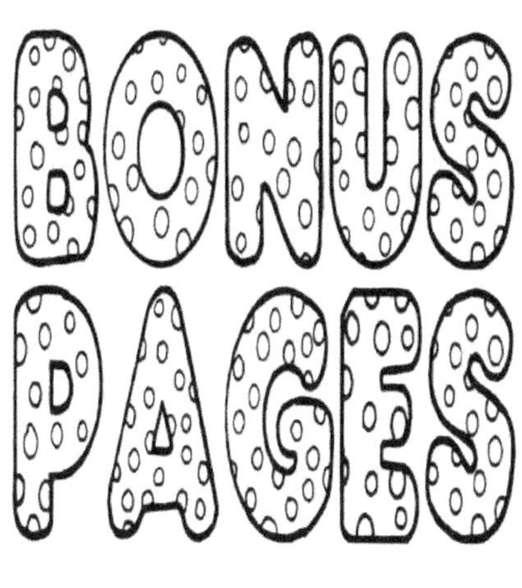

Chubby Dotty font courtesy of 1001fonts.com

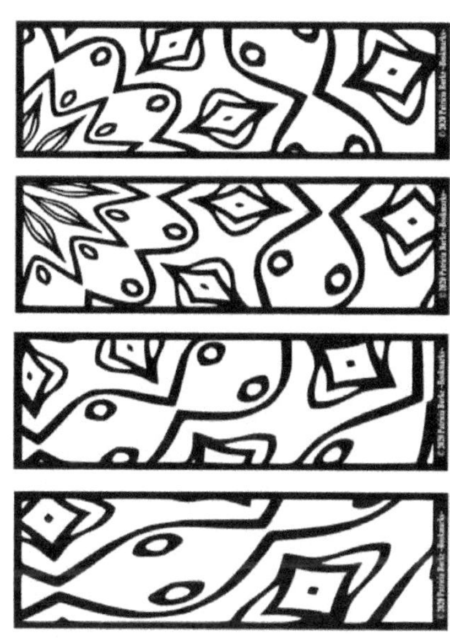

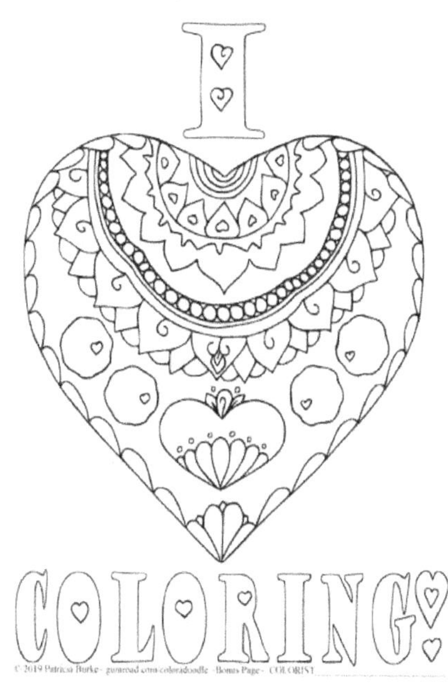

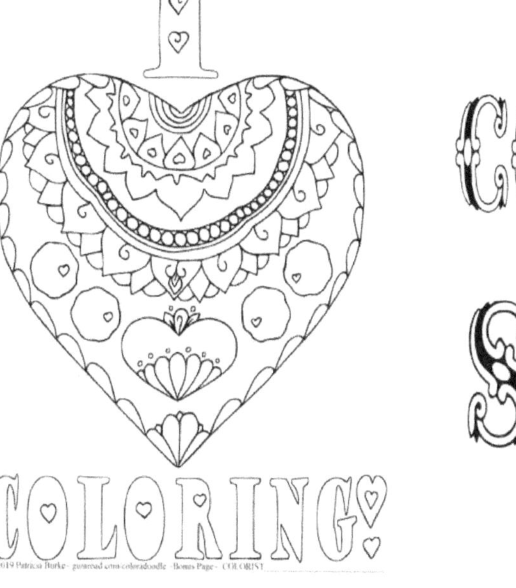

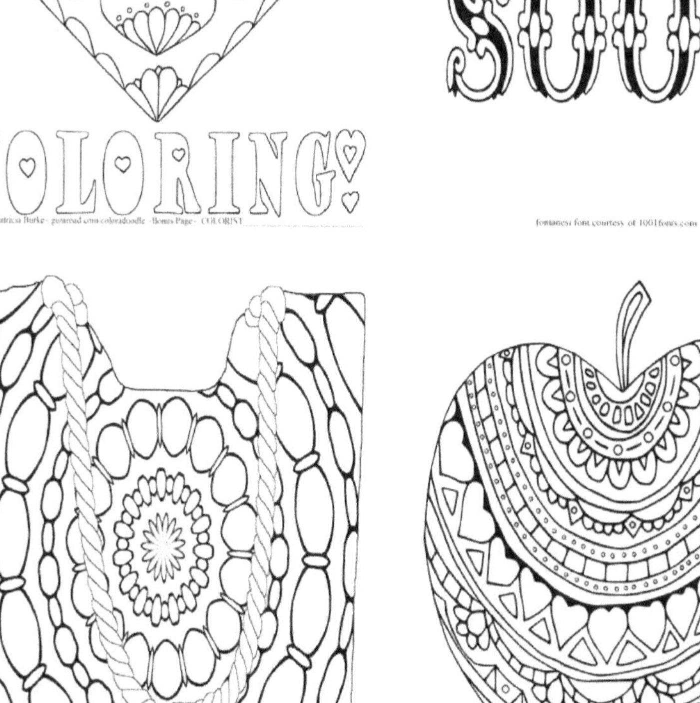

fontanesi font courtesy of 1001fonts.com

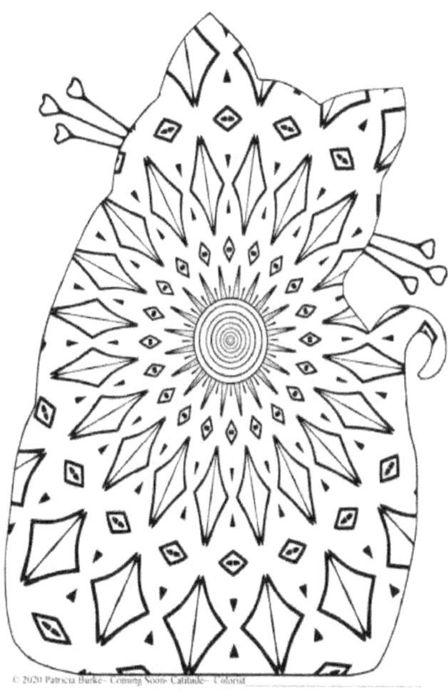

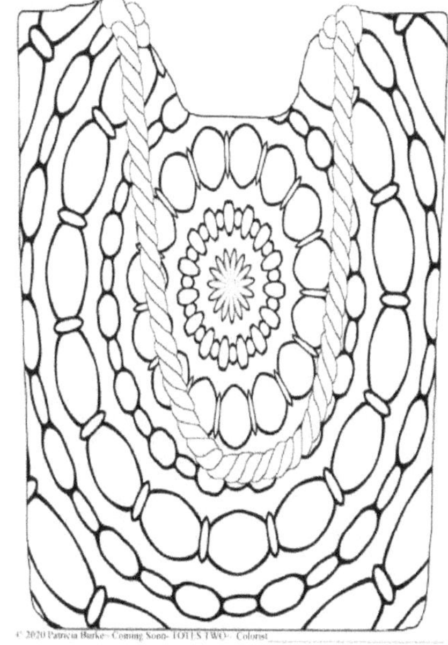

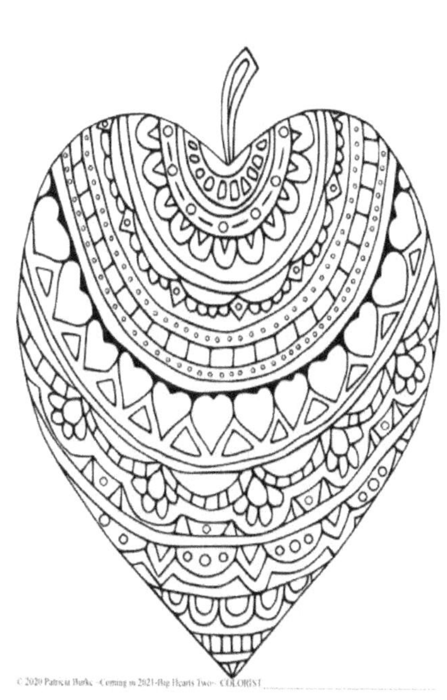

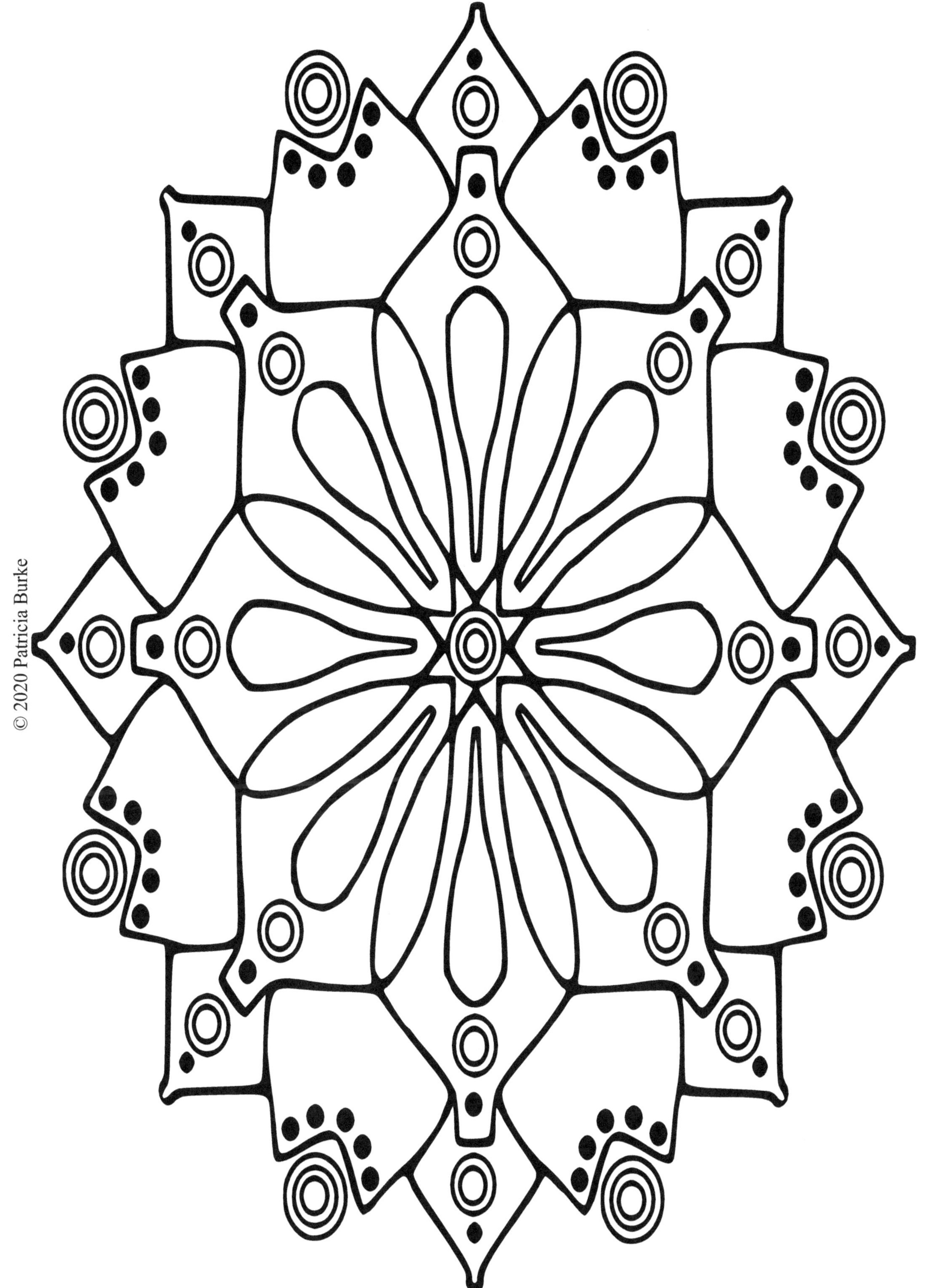

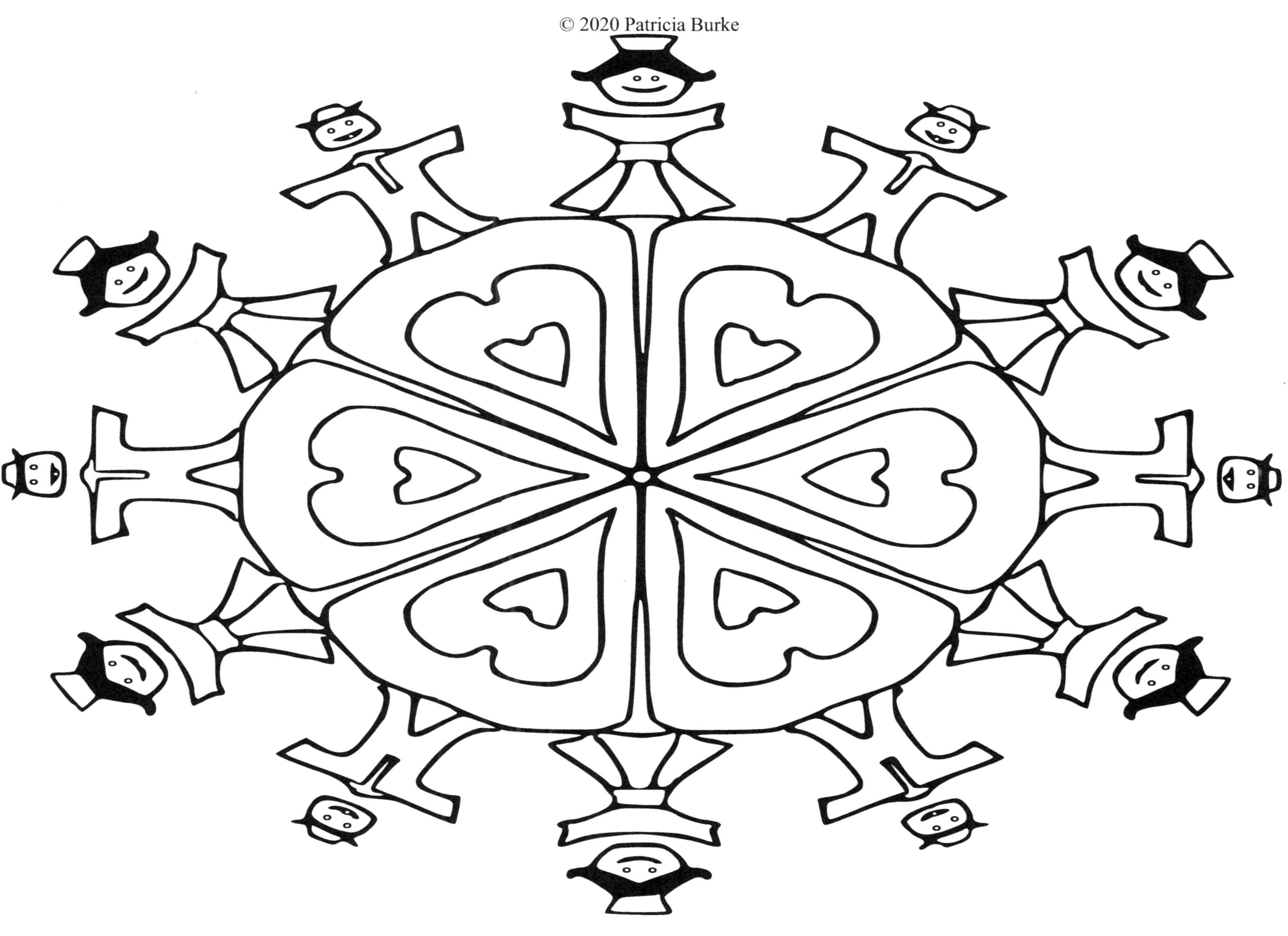

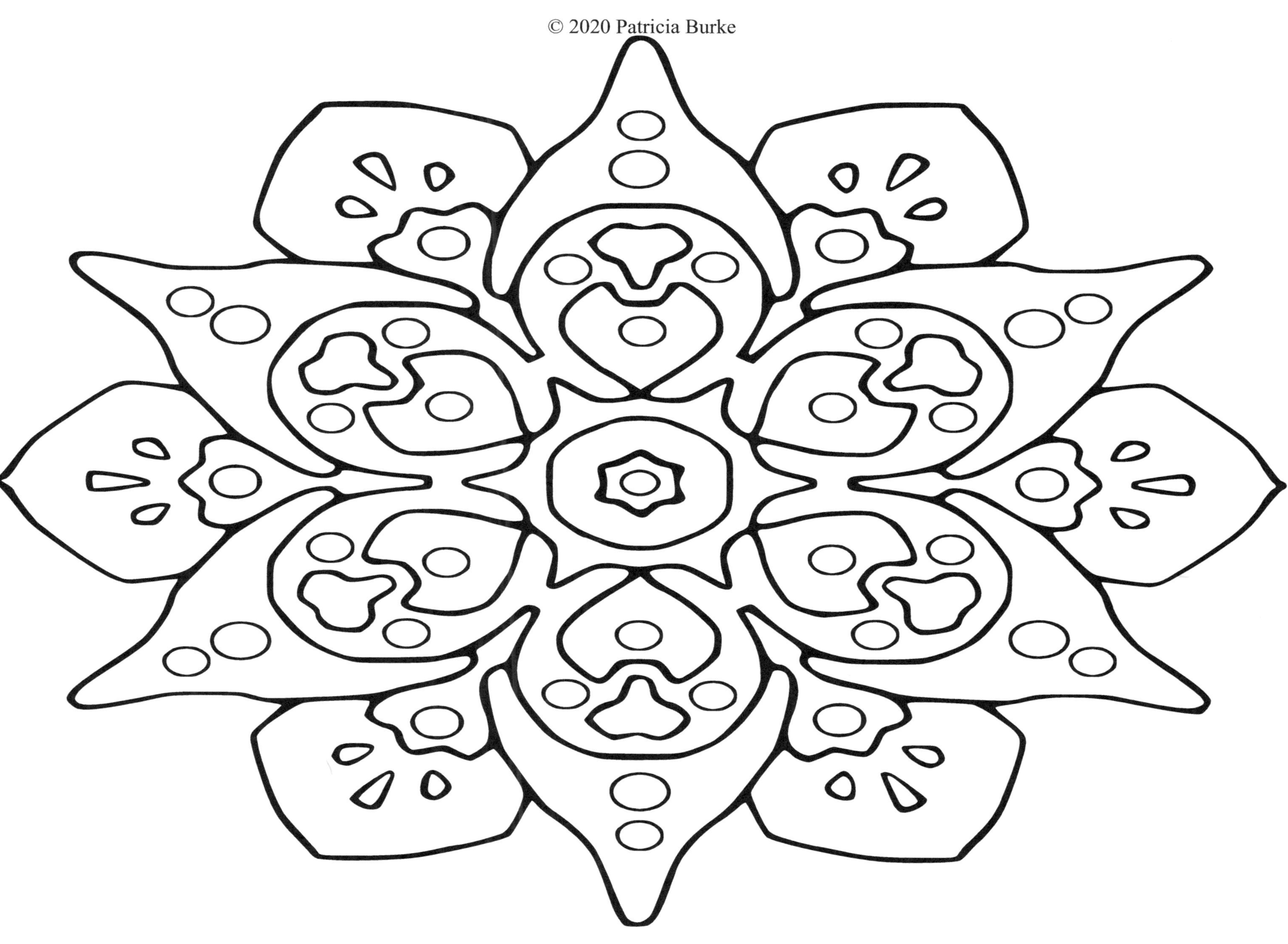

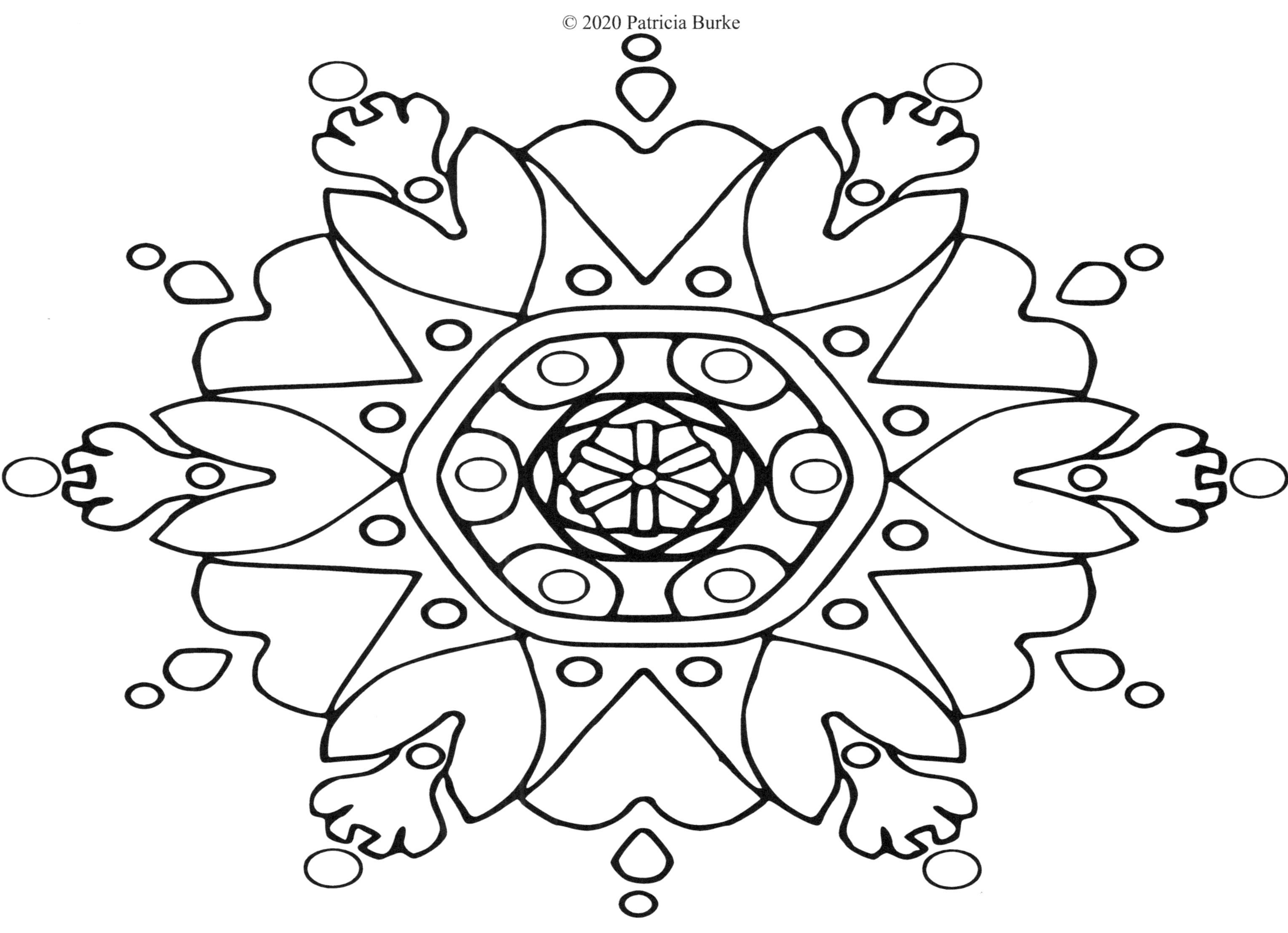

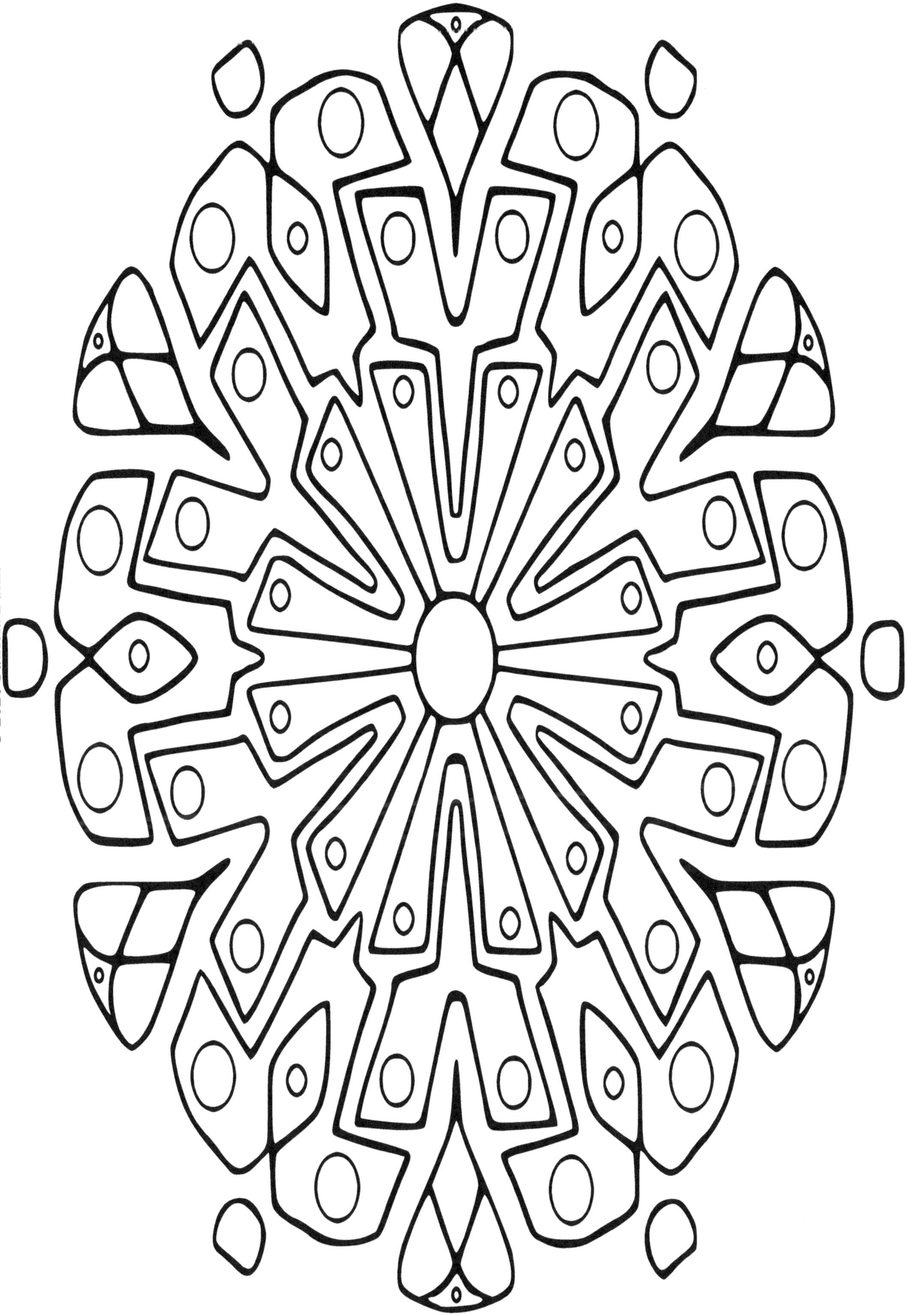

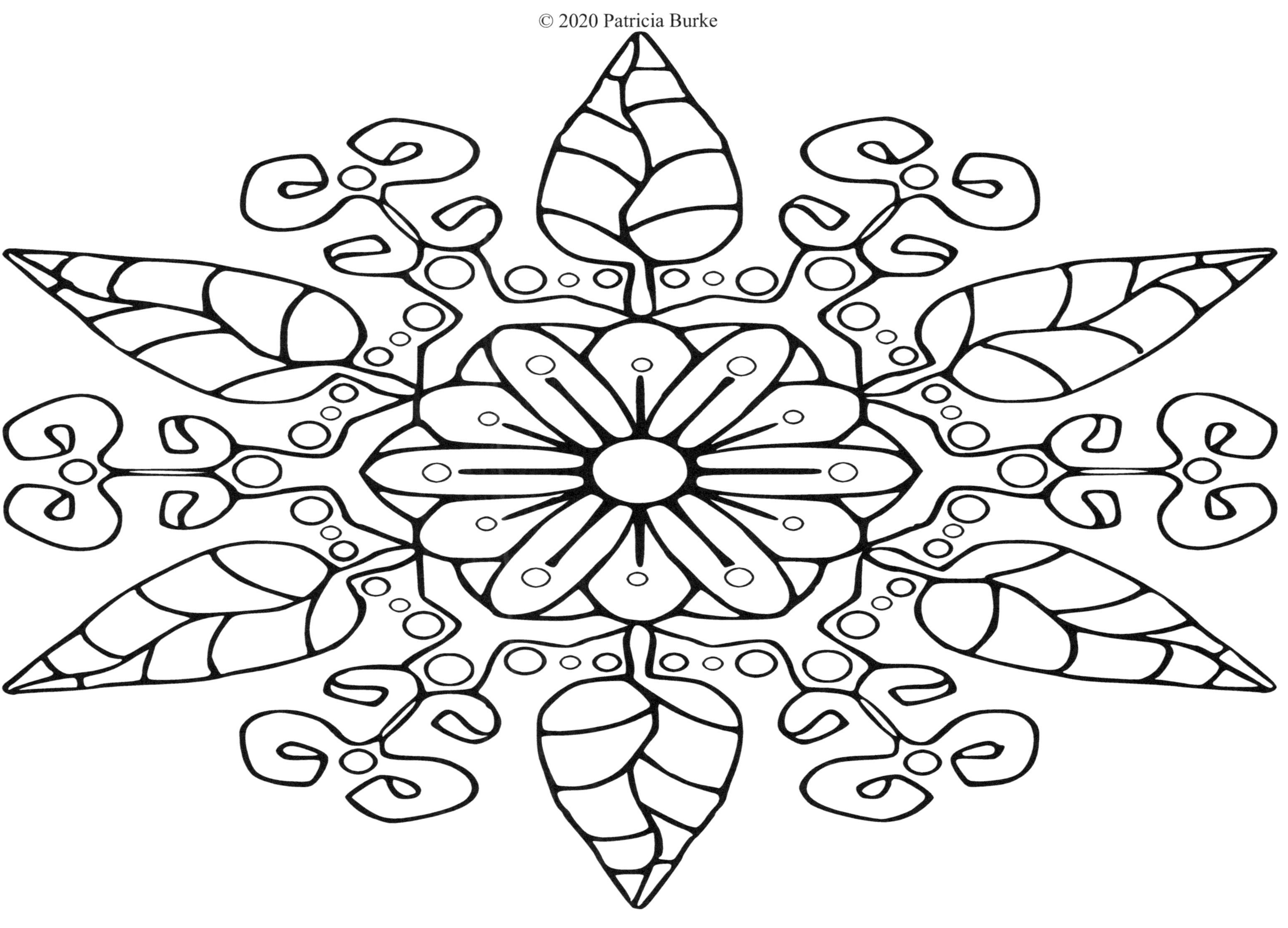

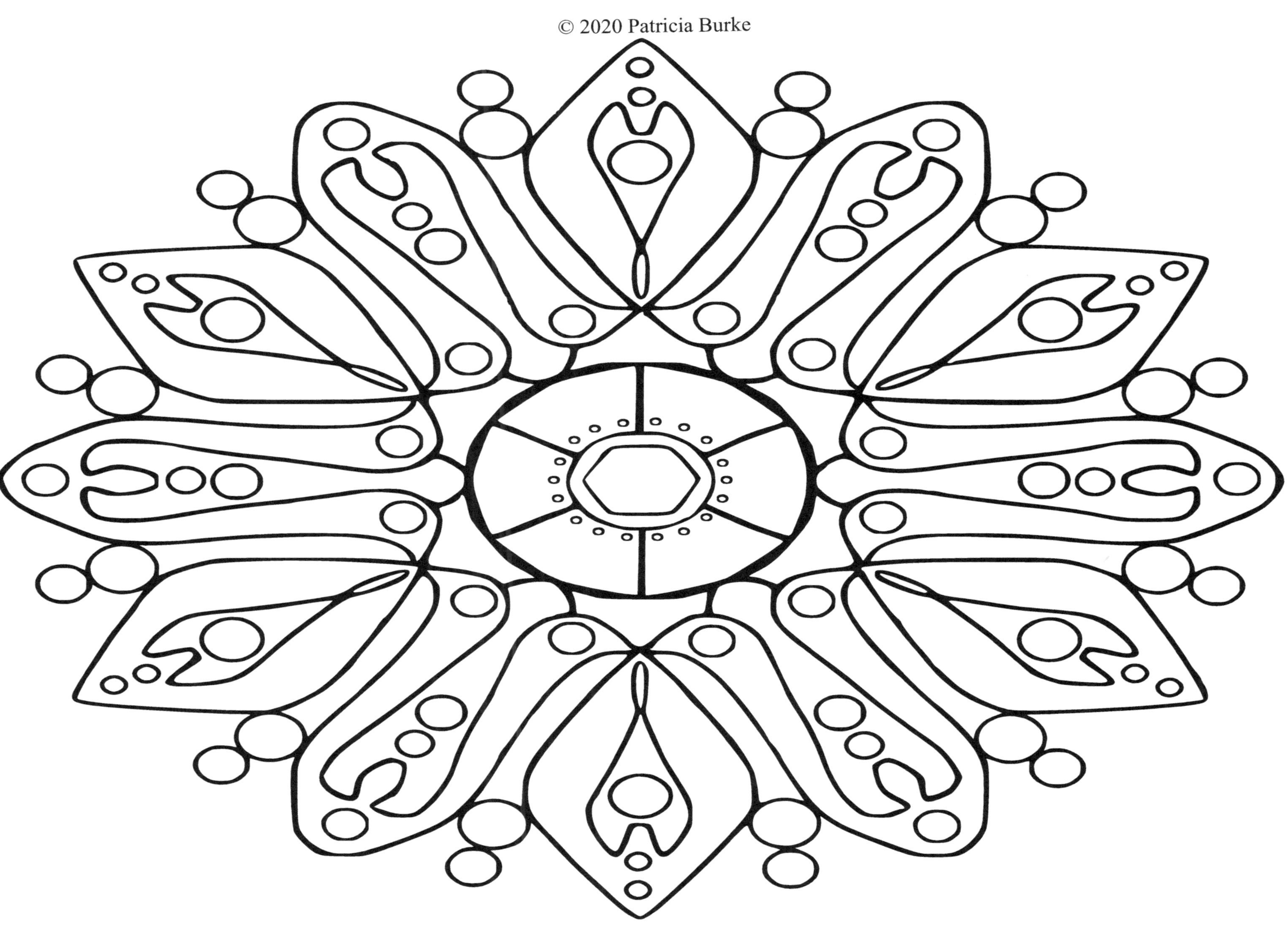

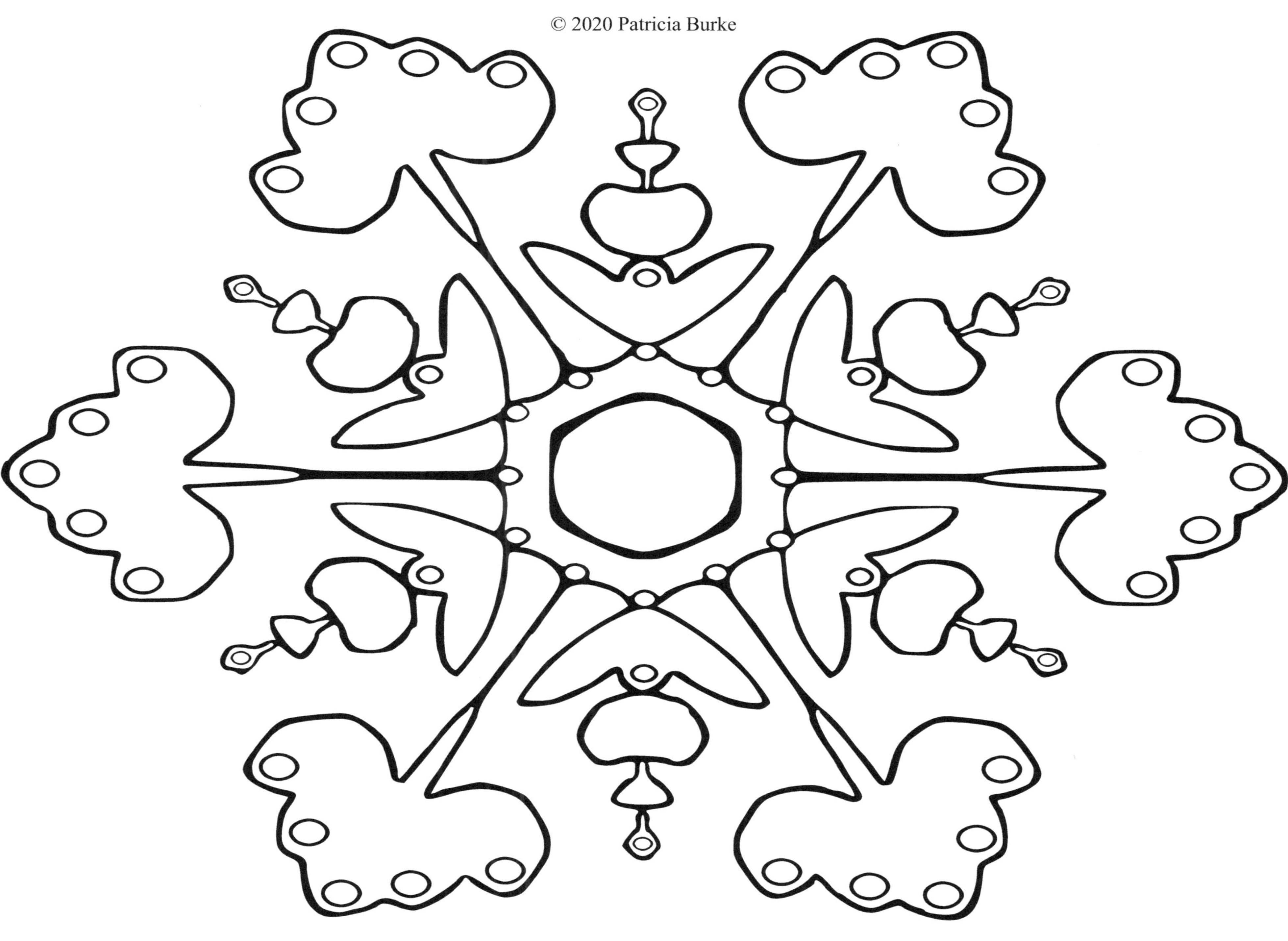

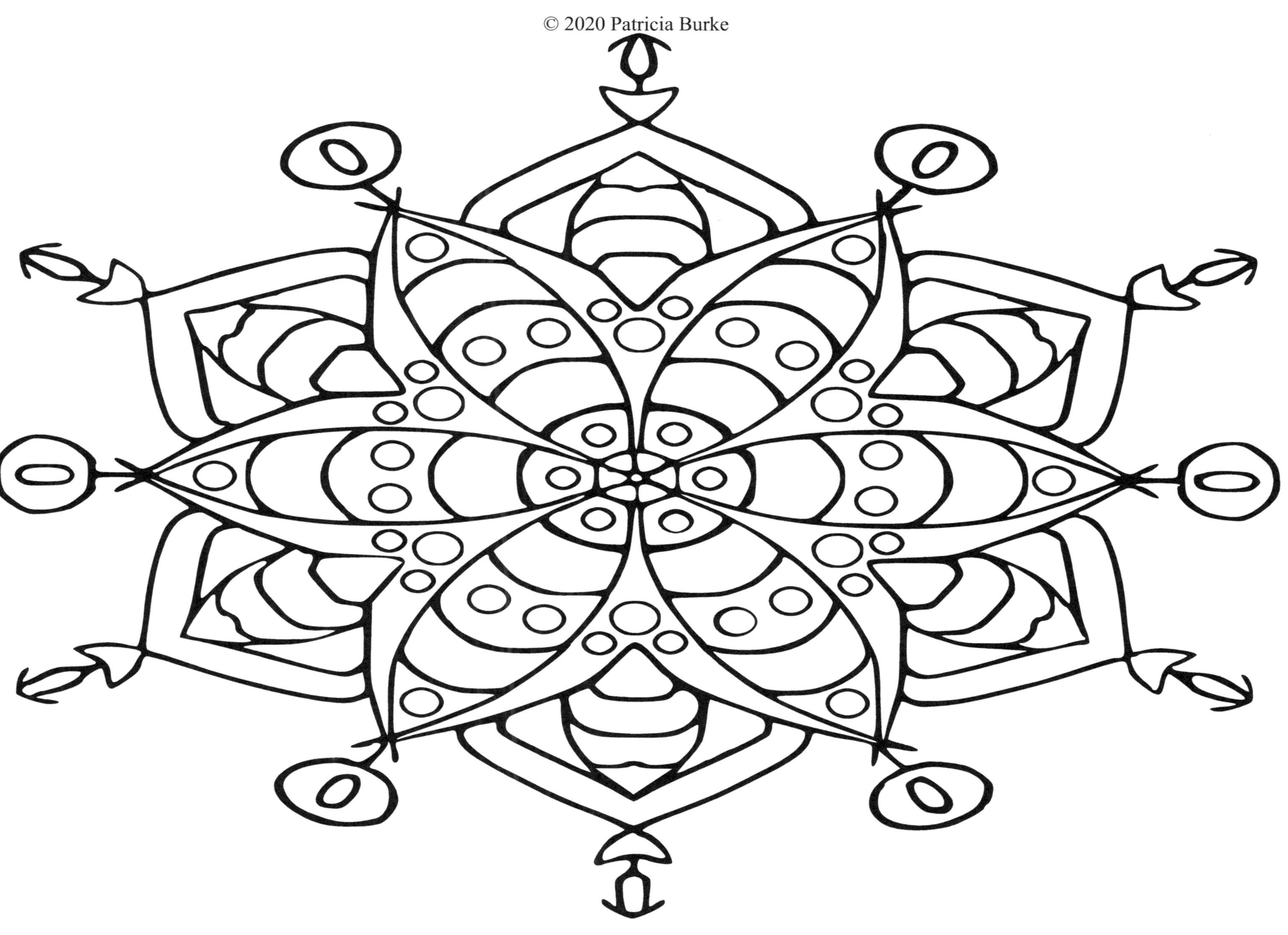

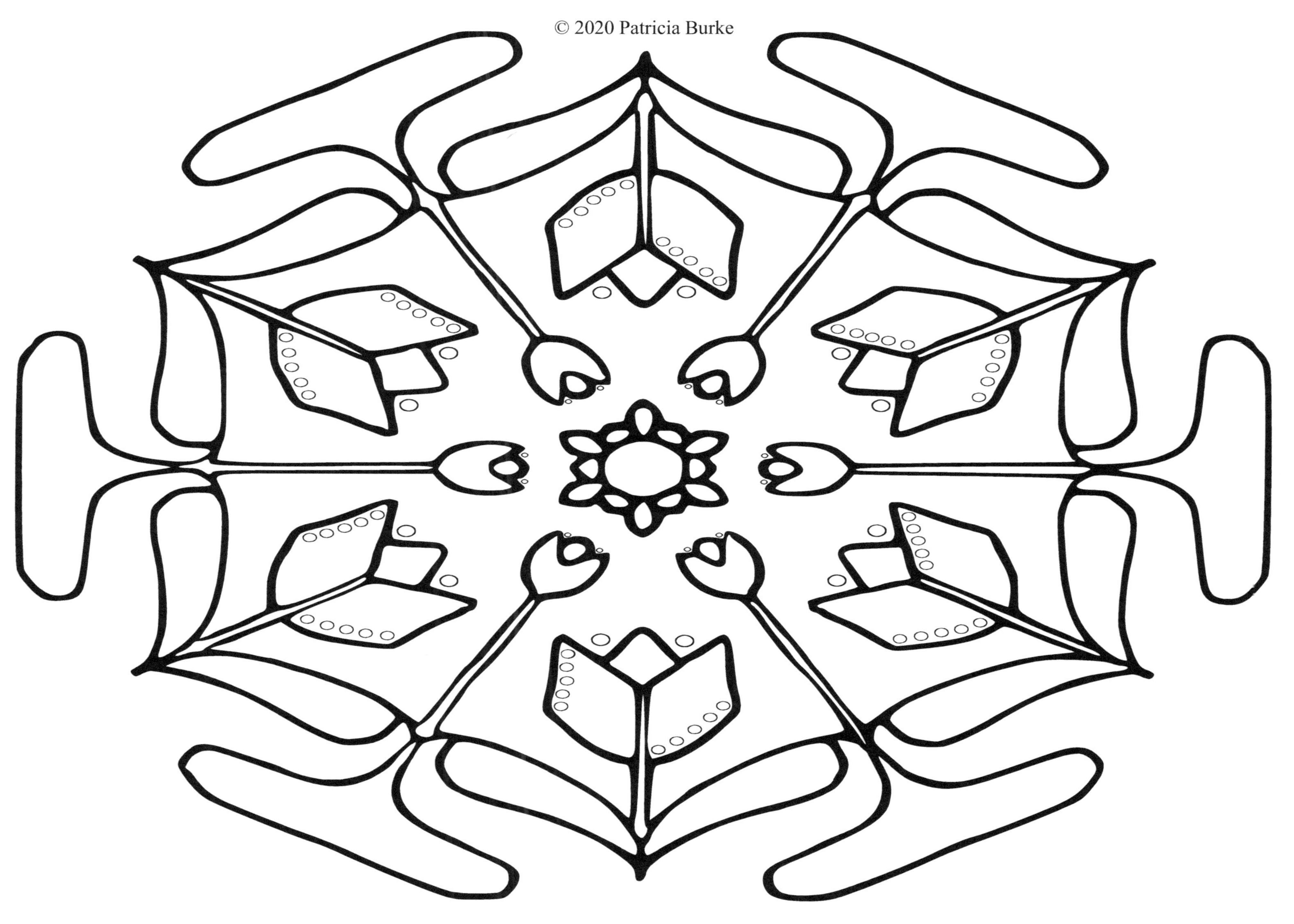

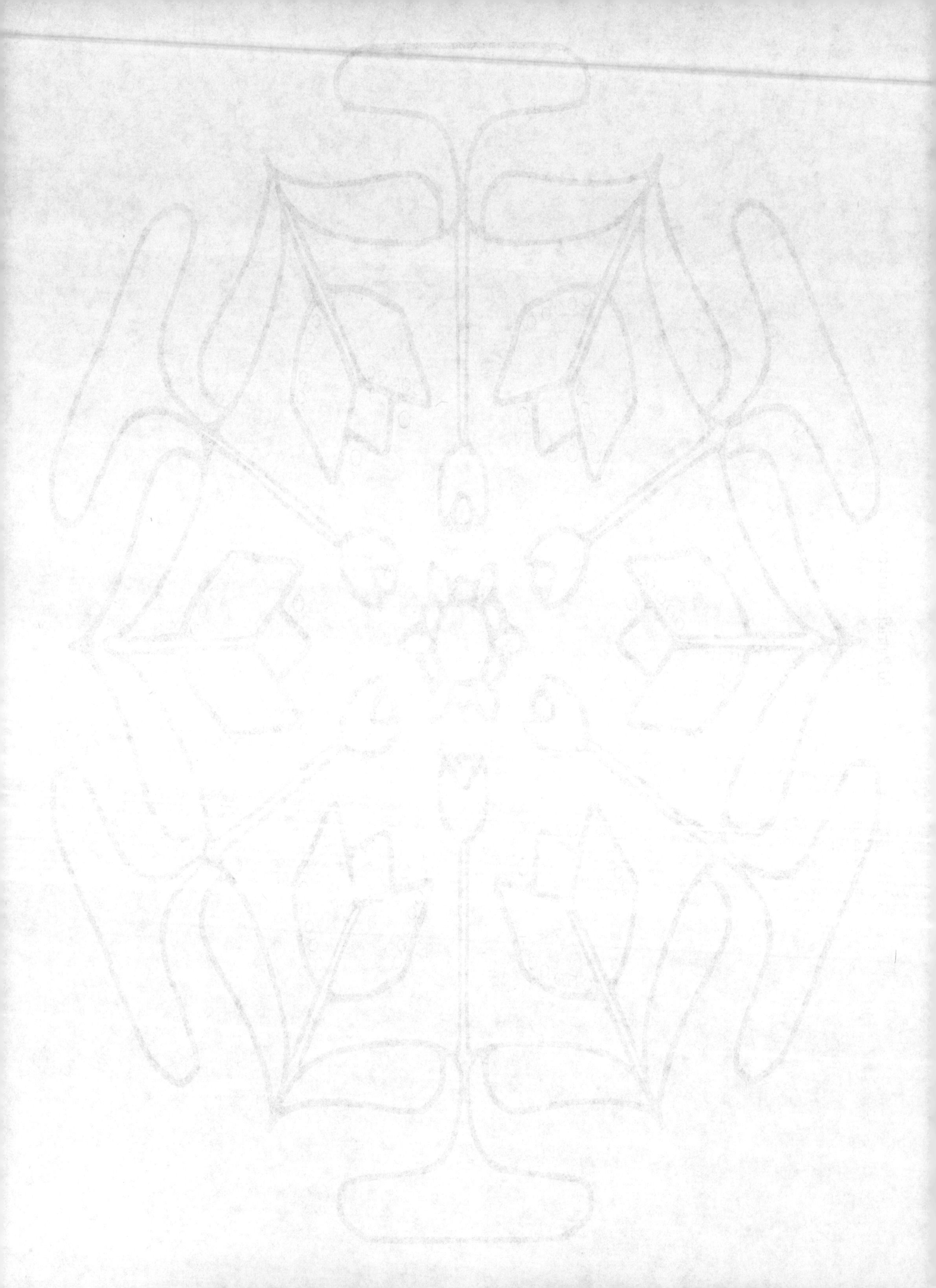

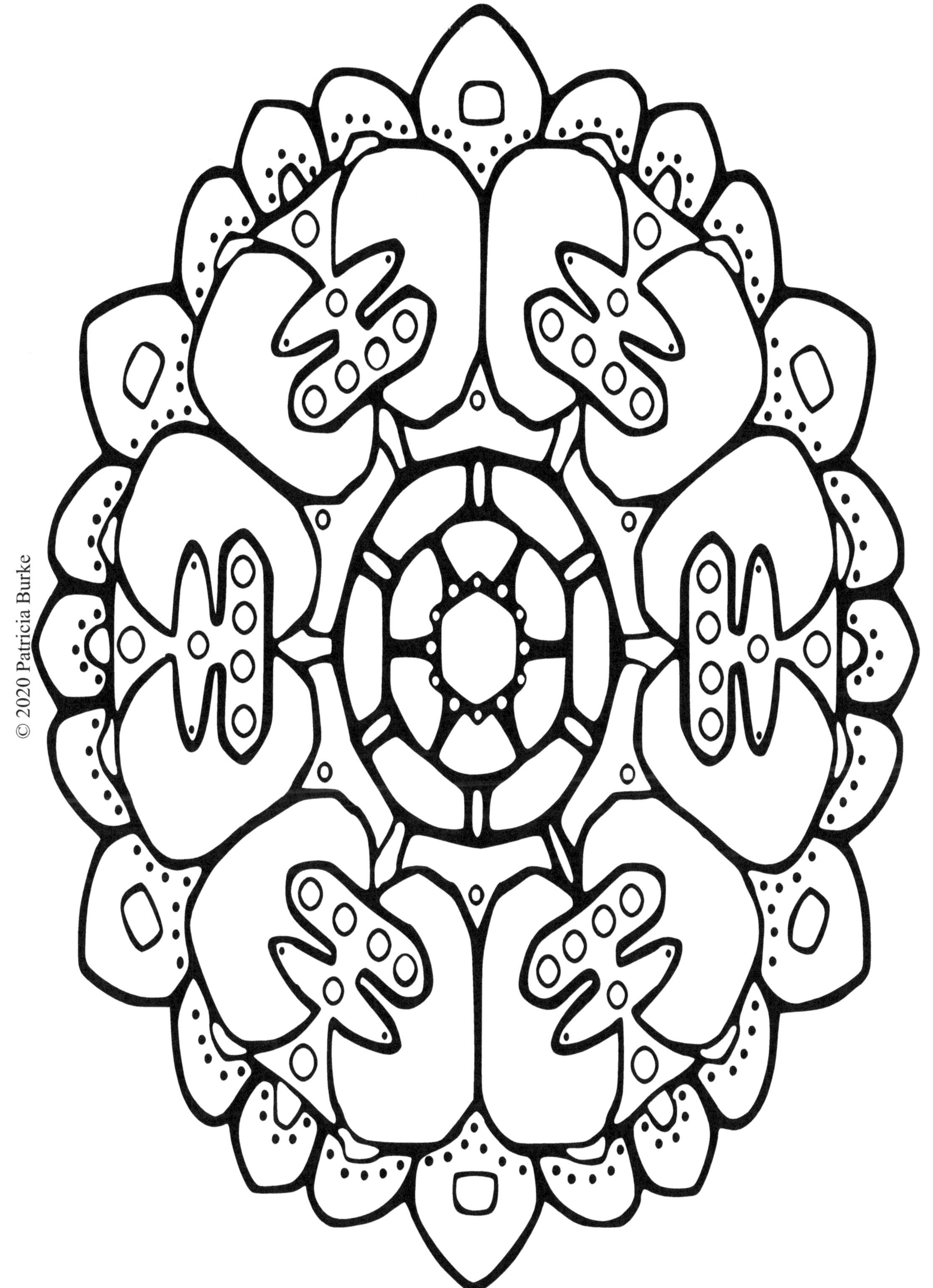

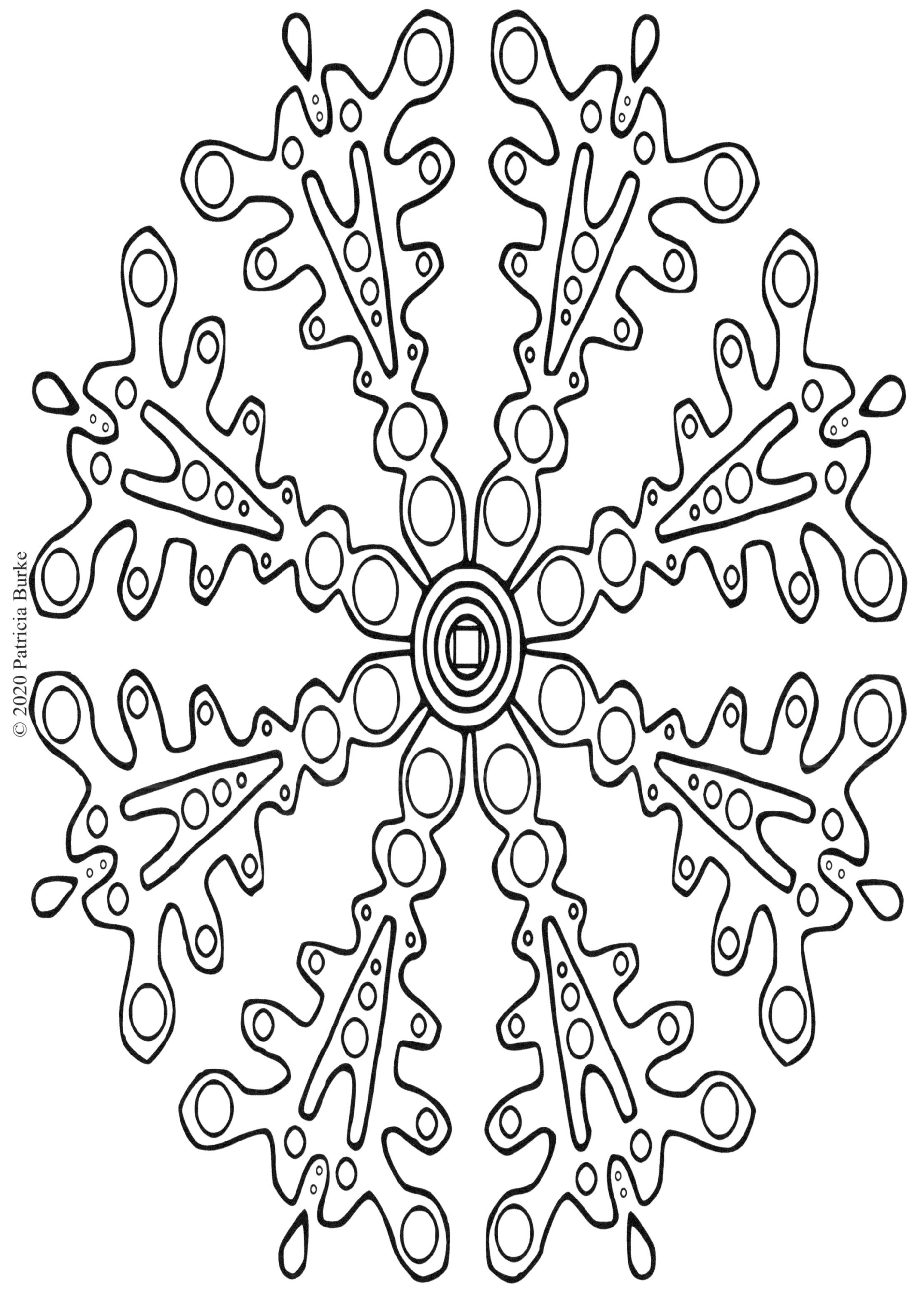

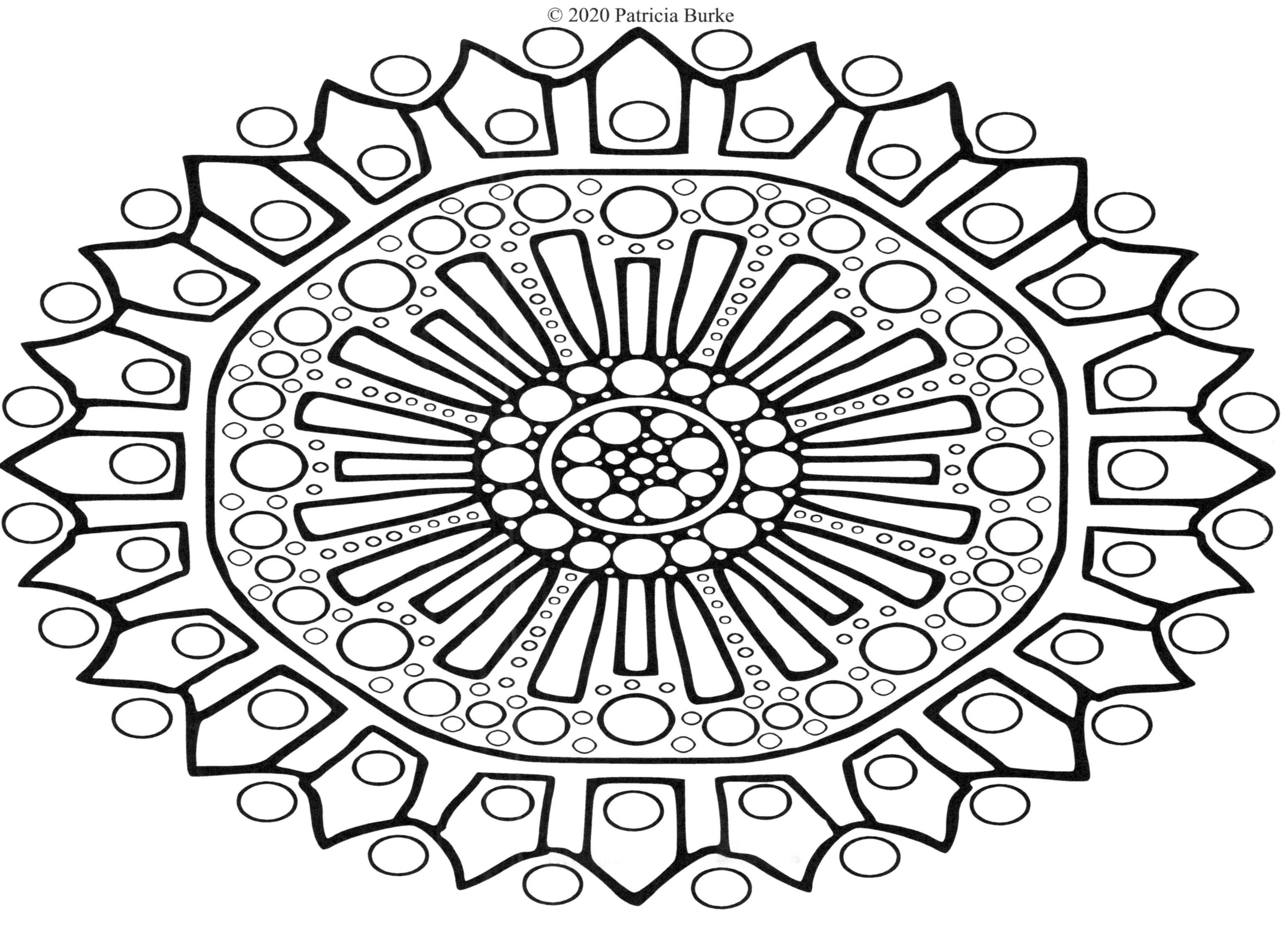

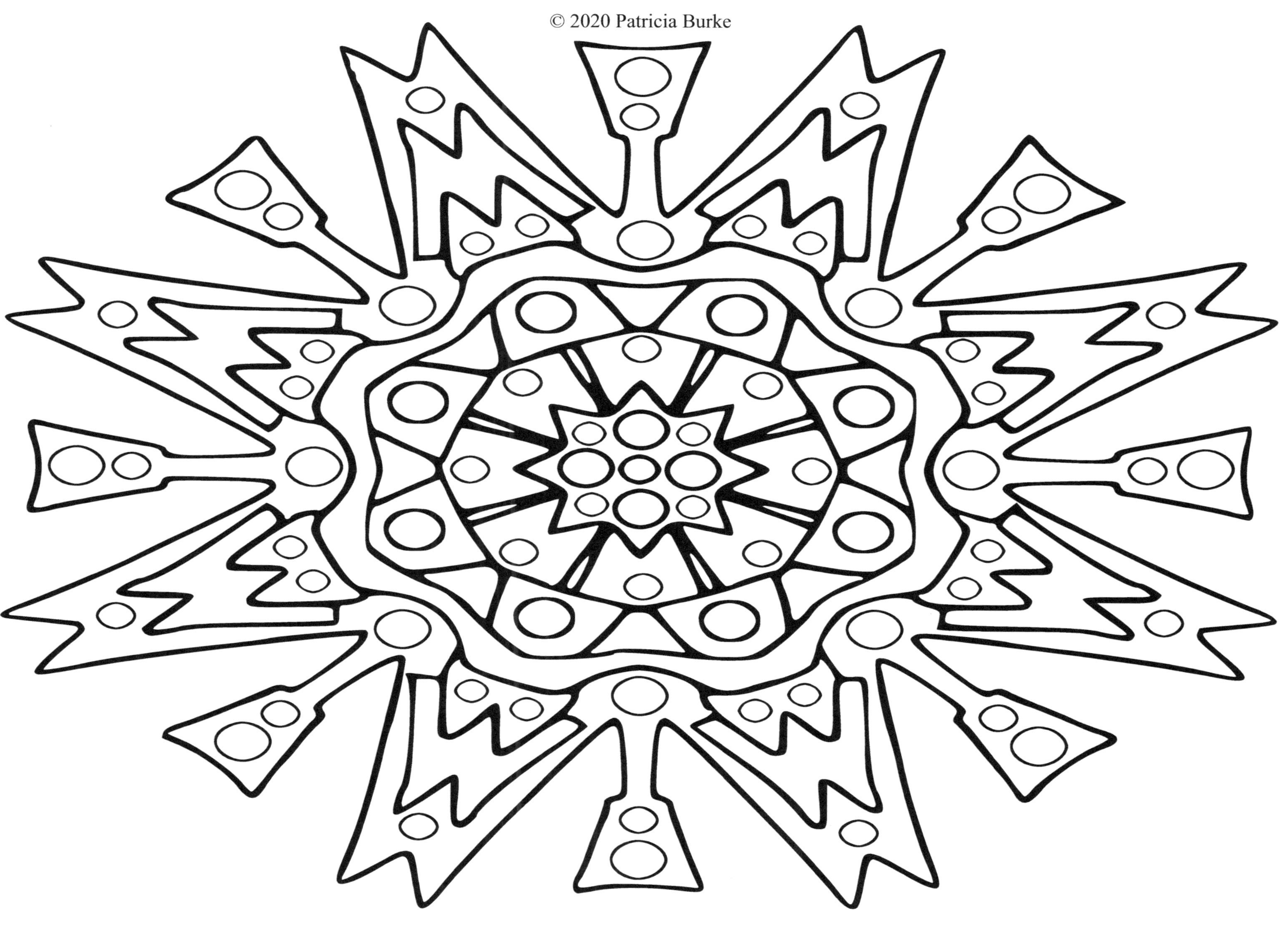

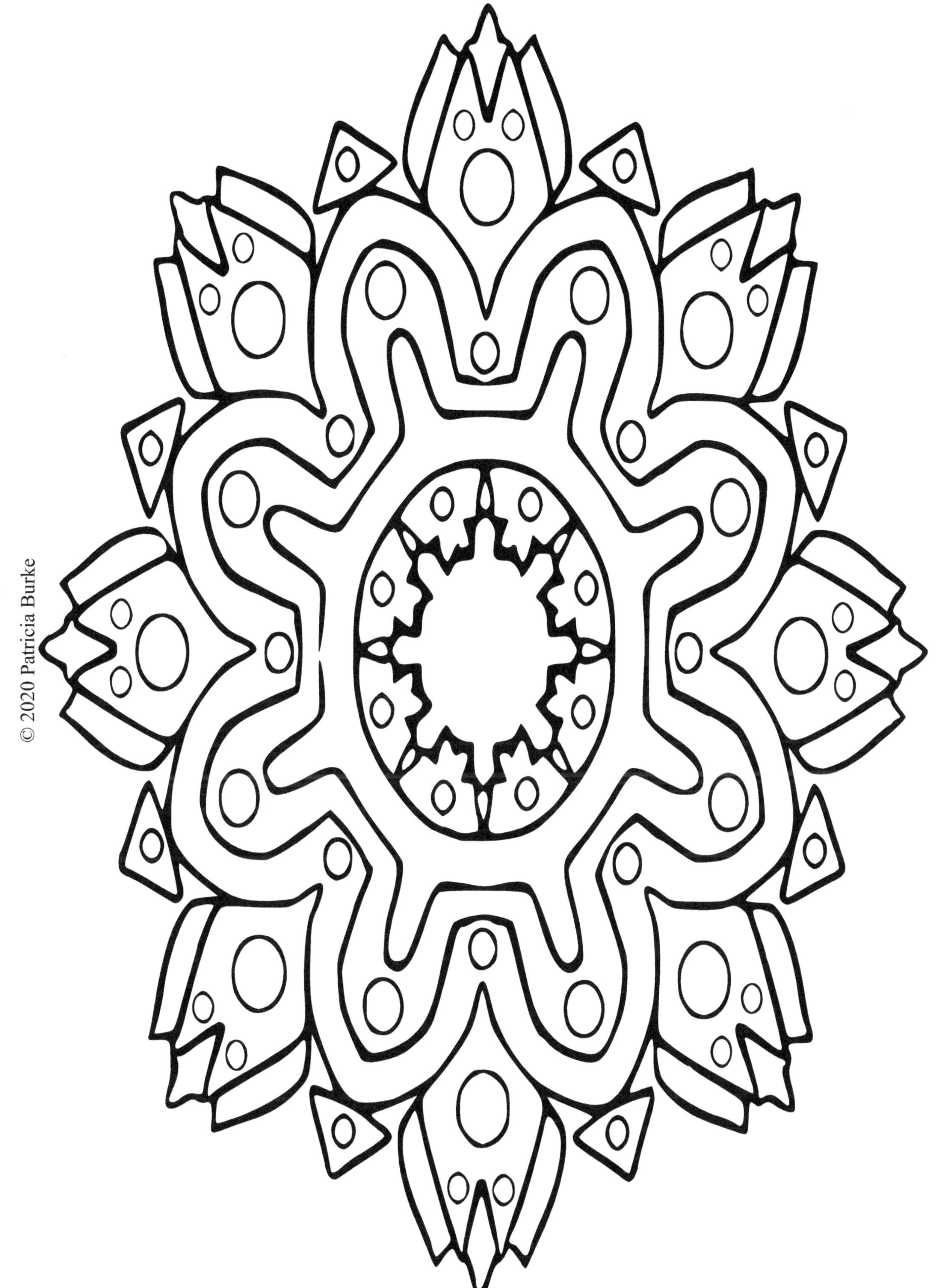

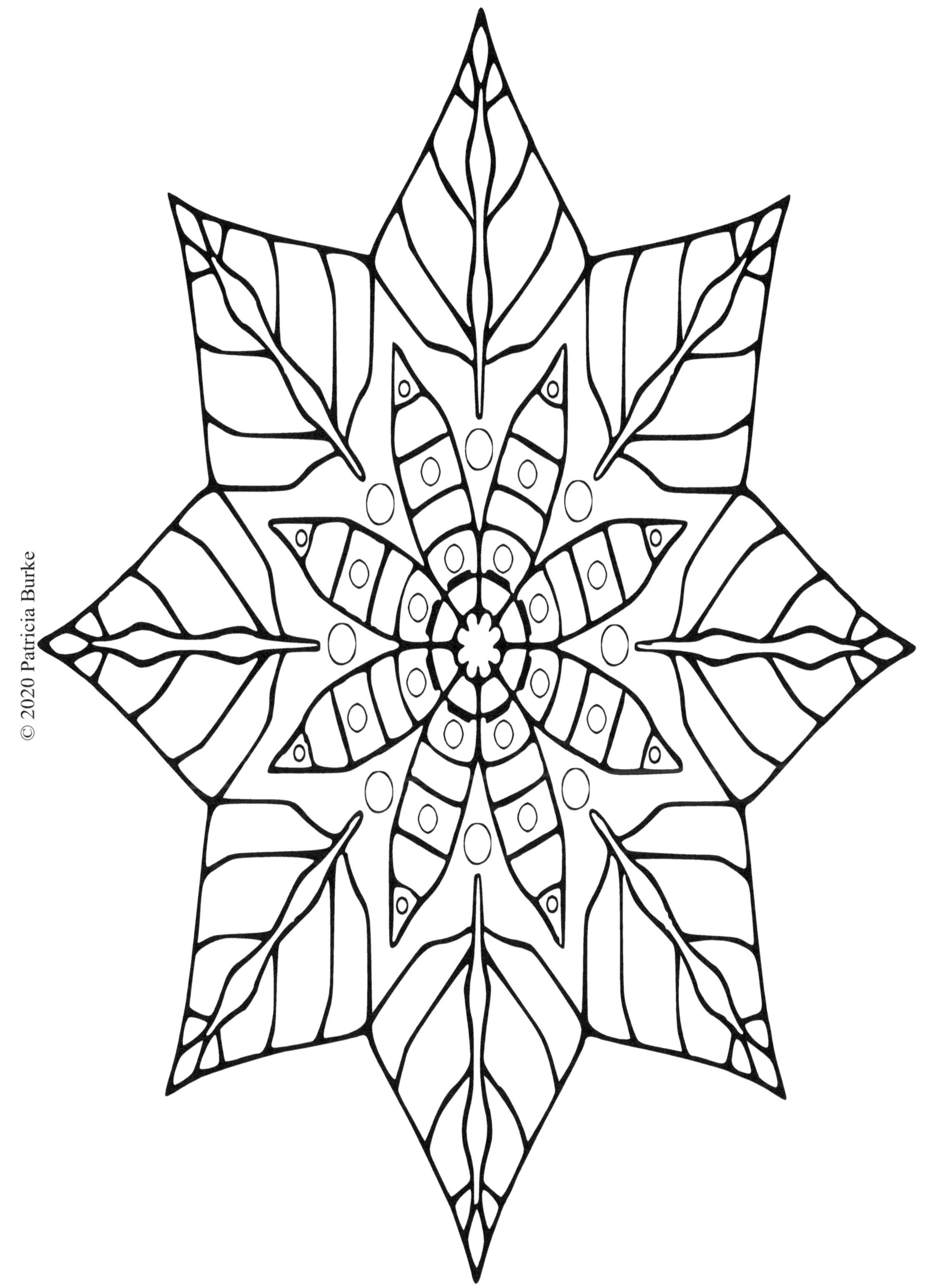

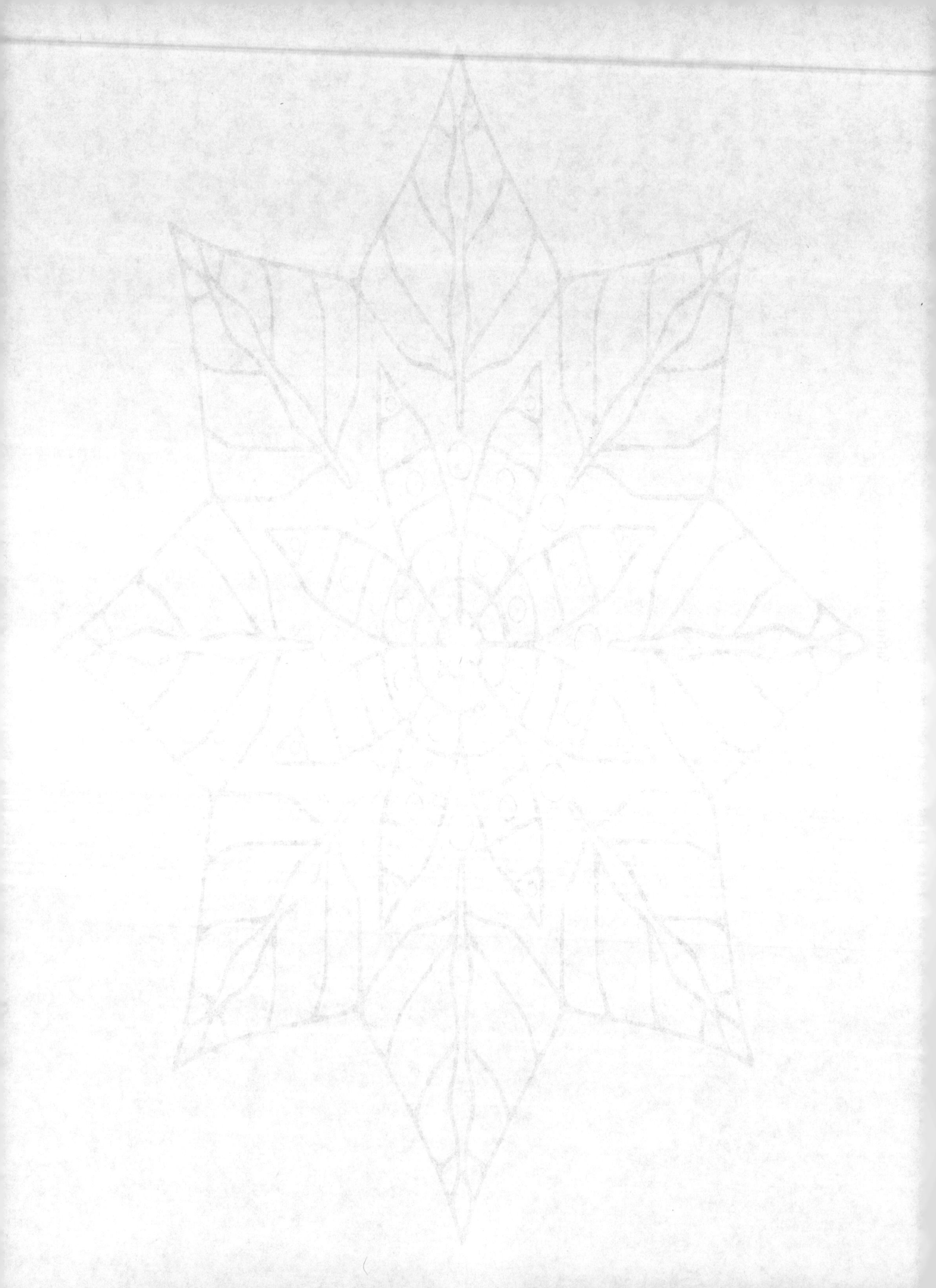

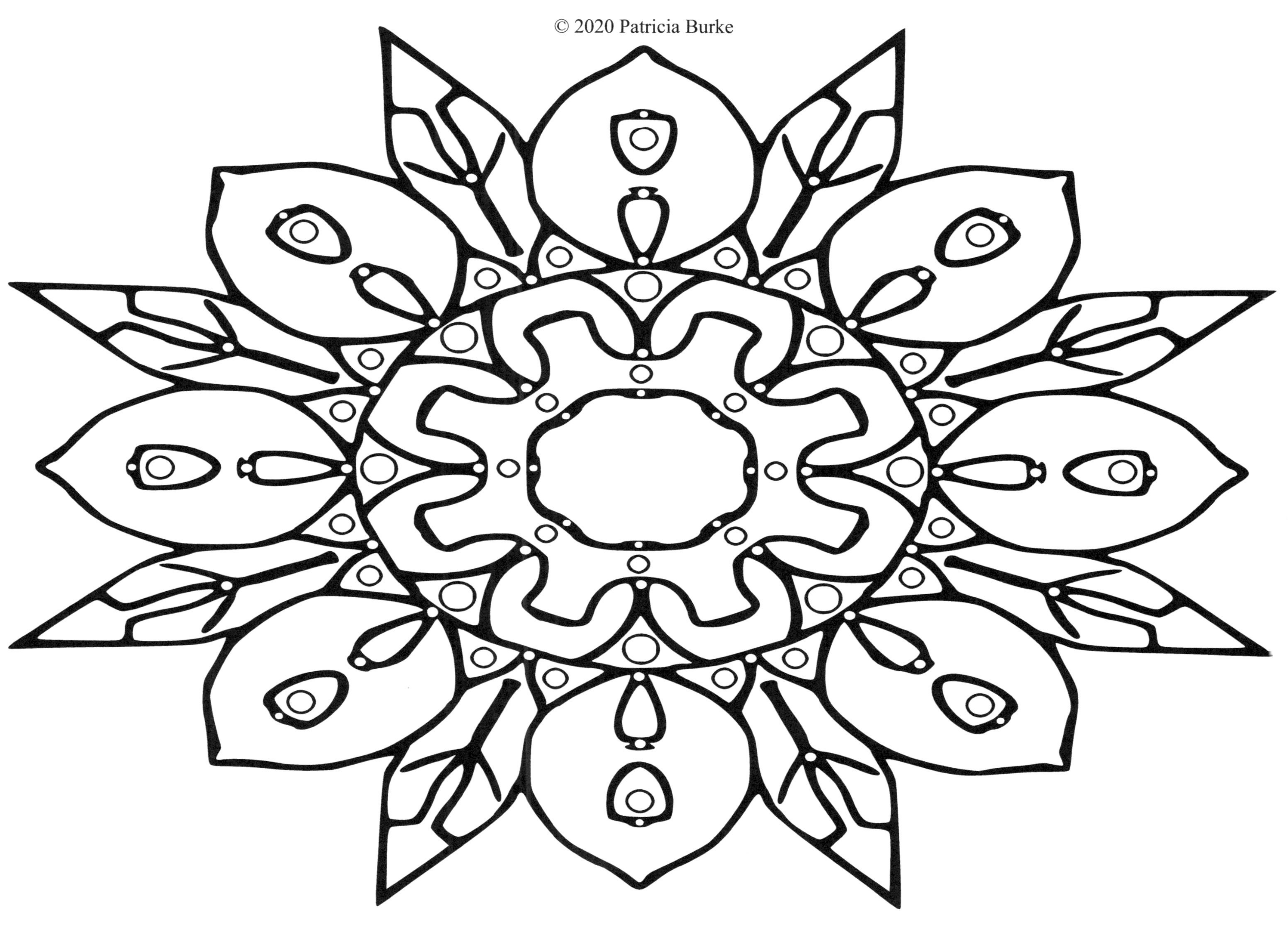

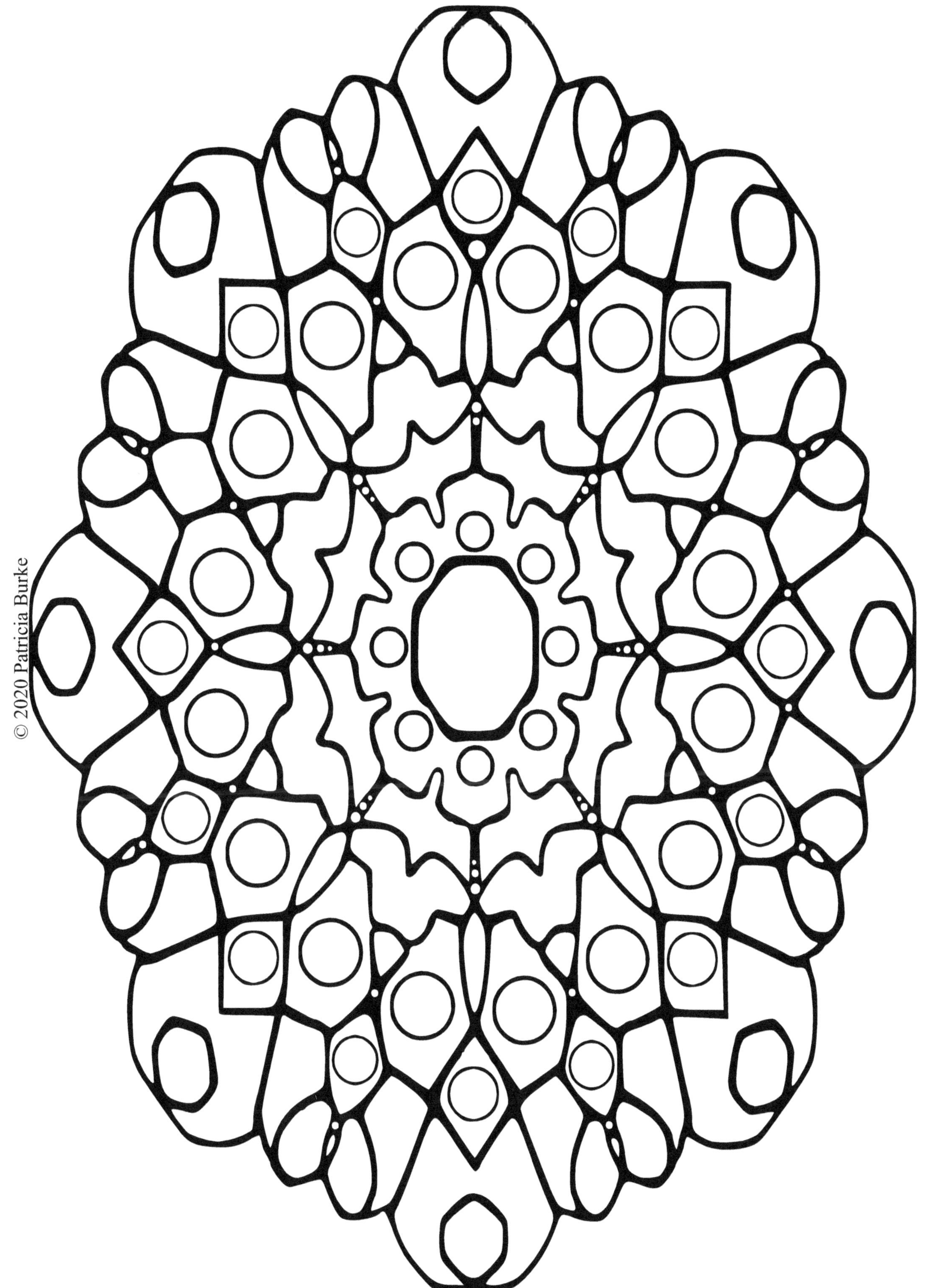

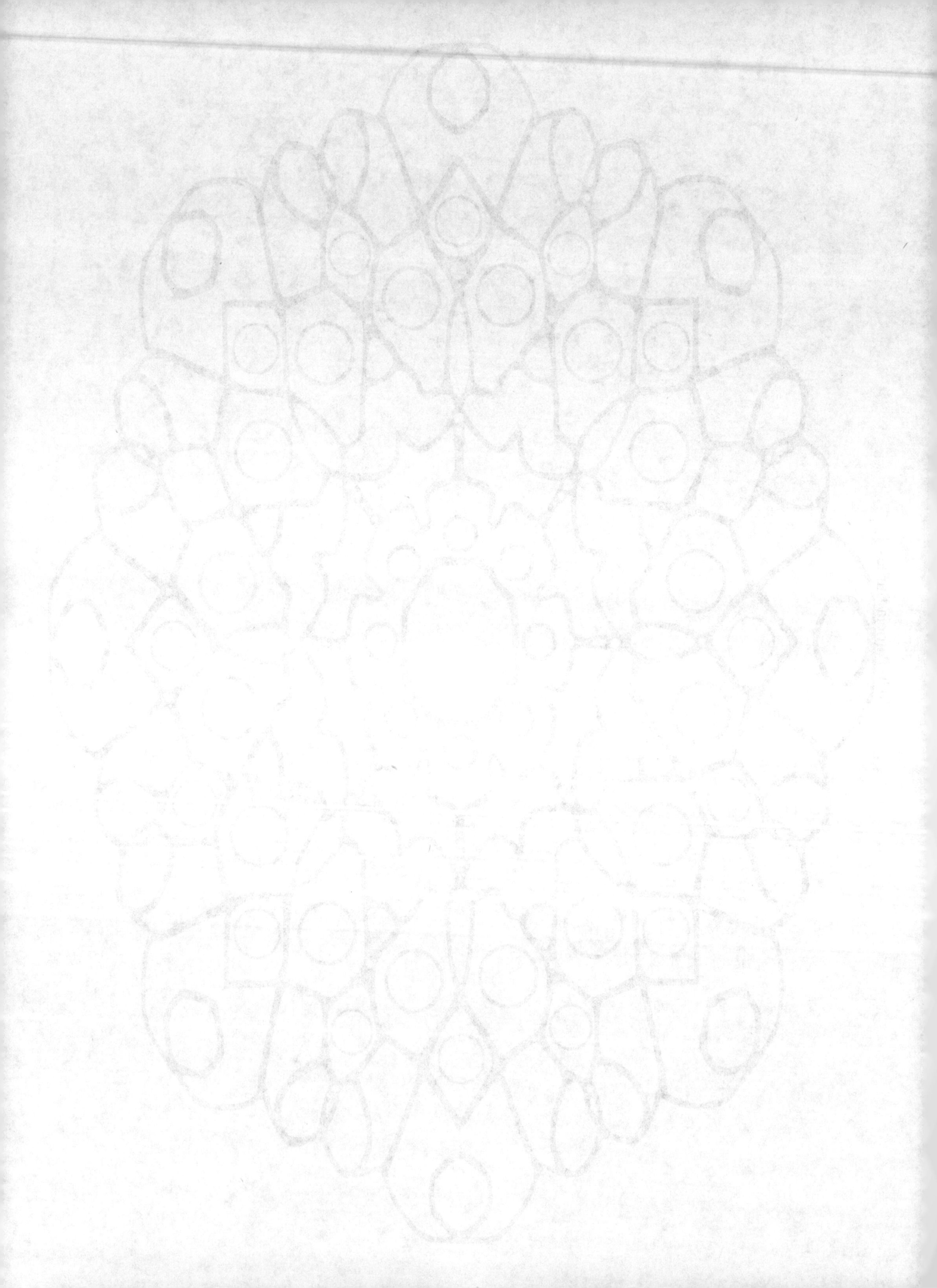

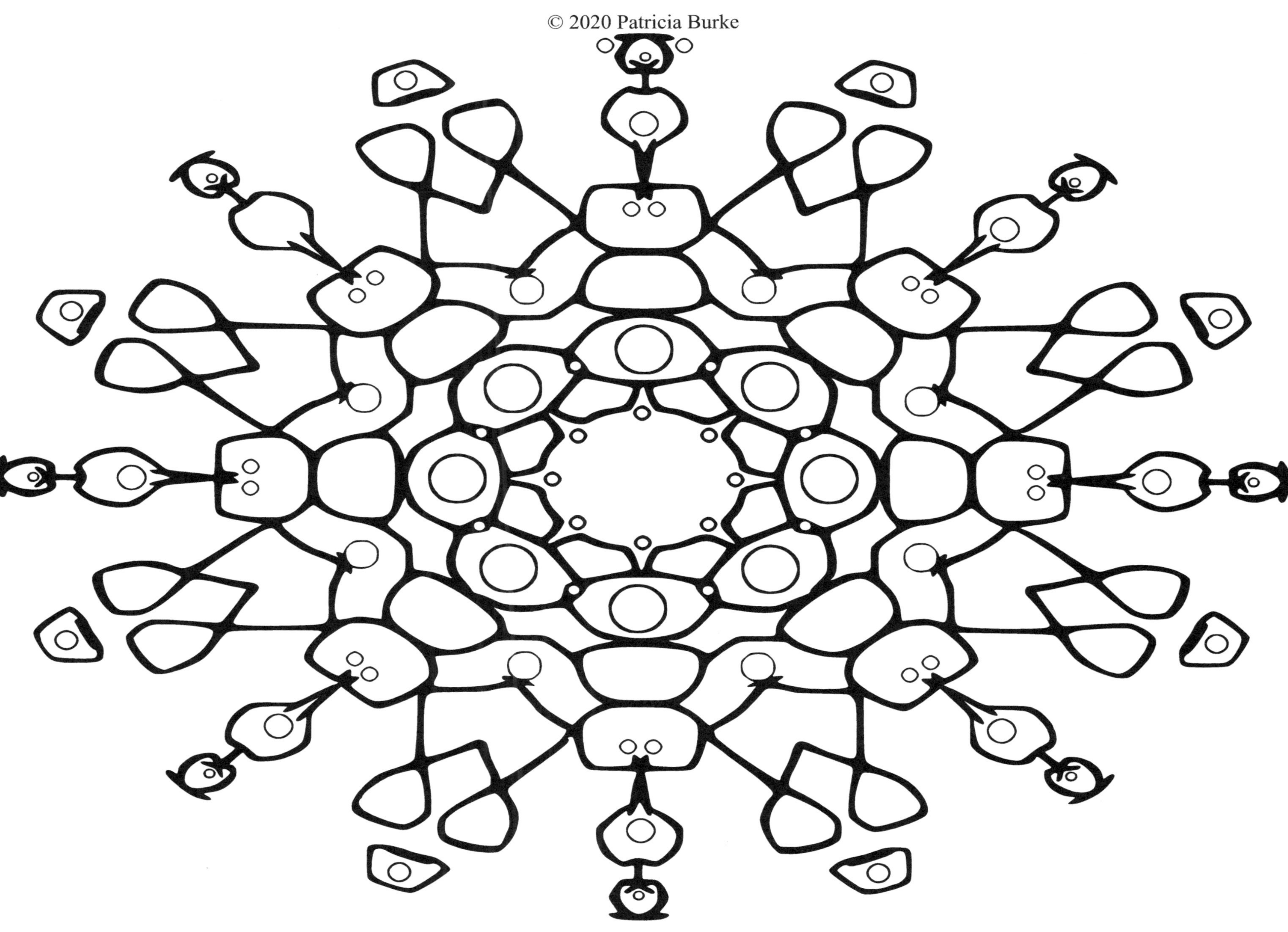

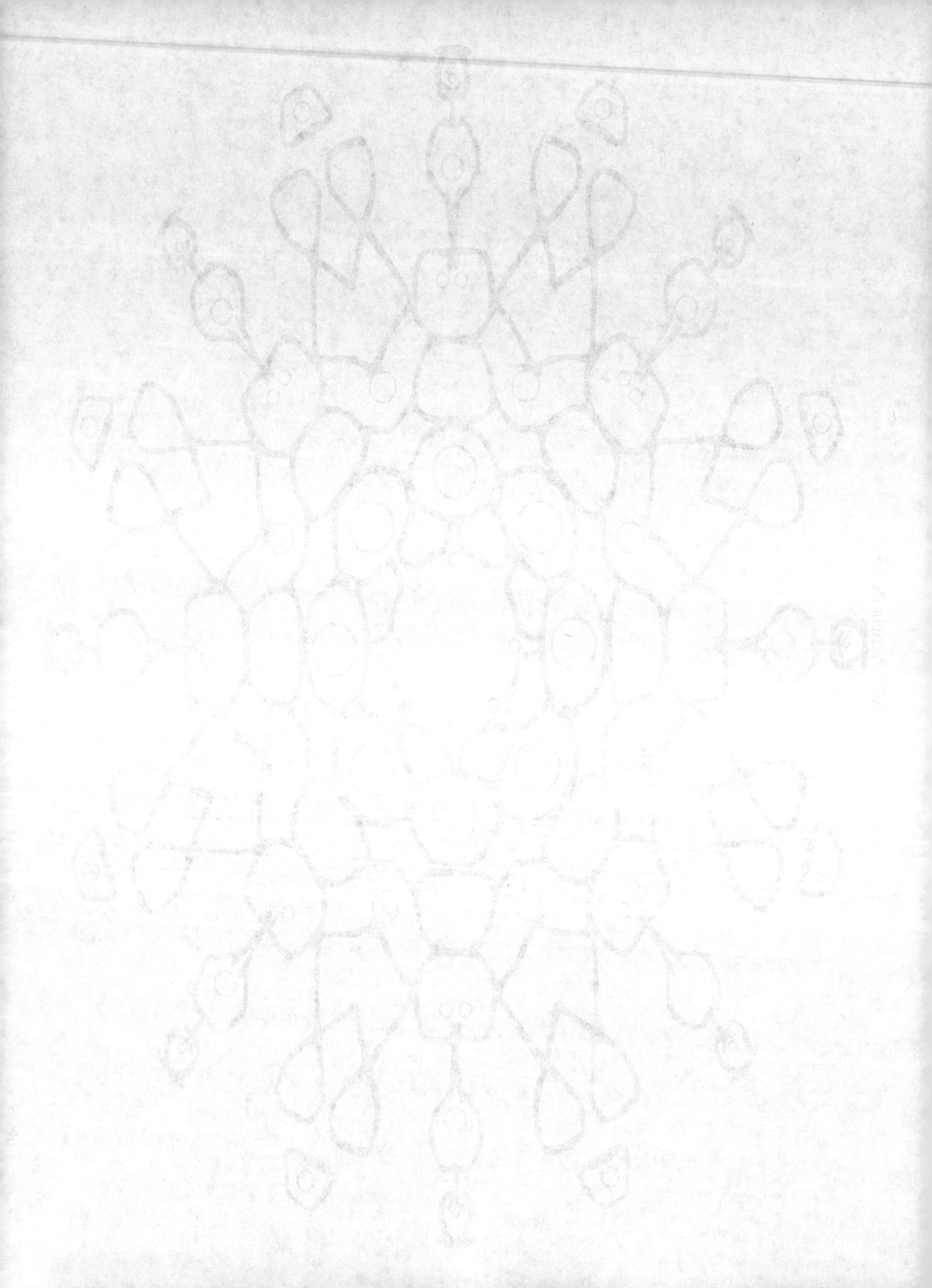

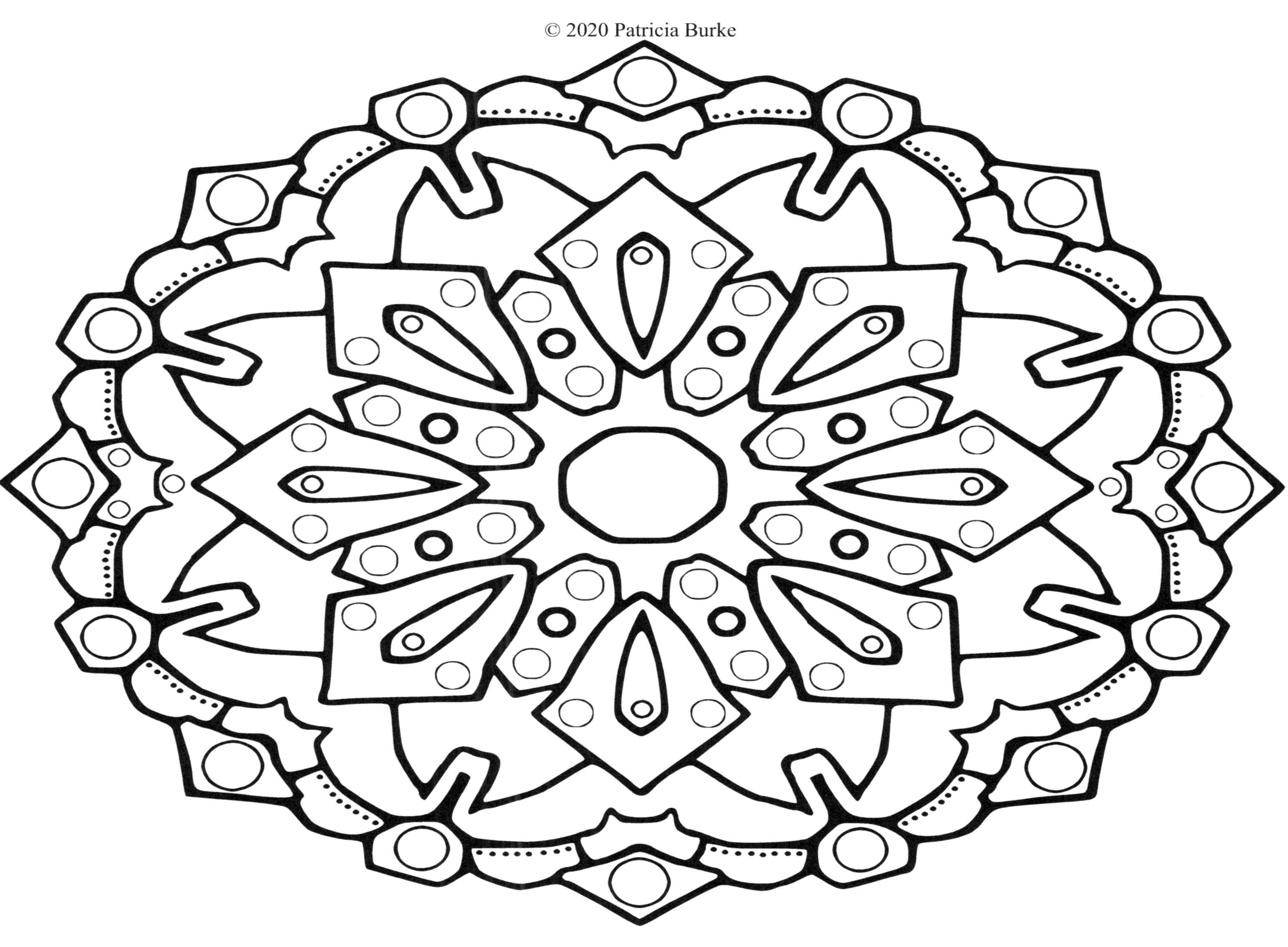

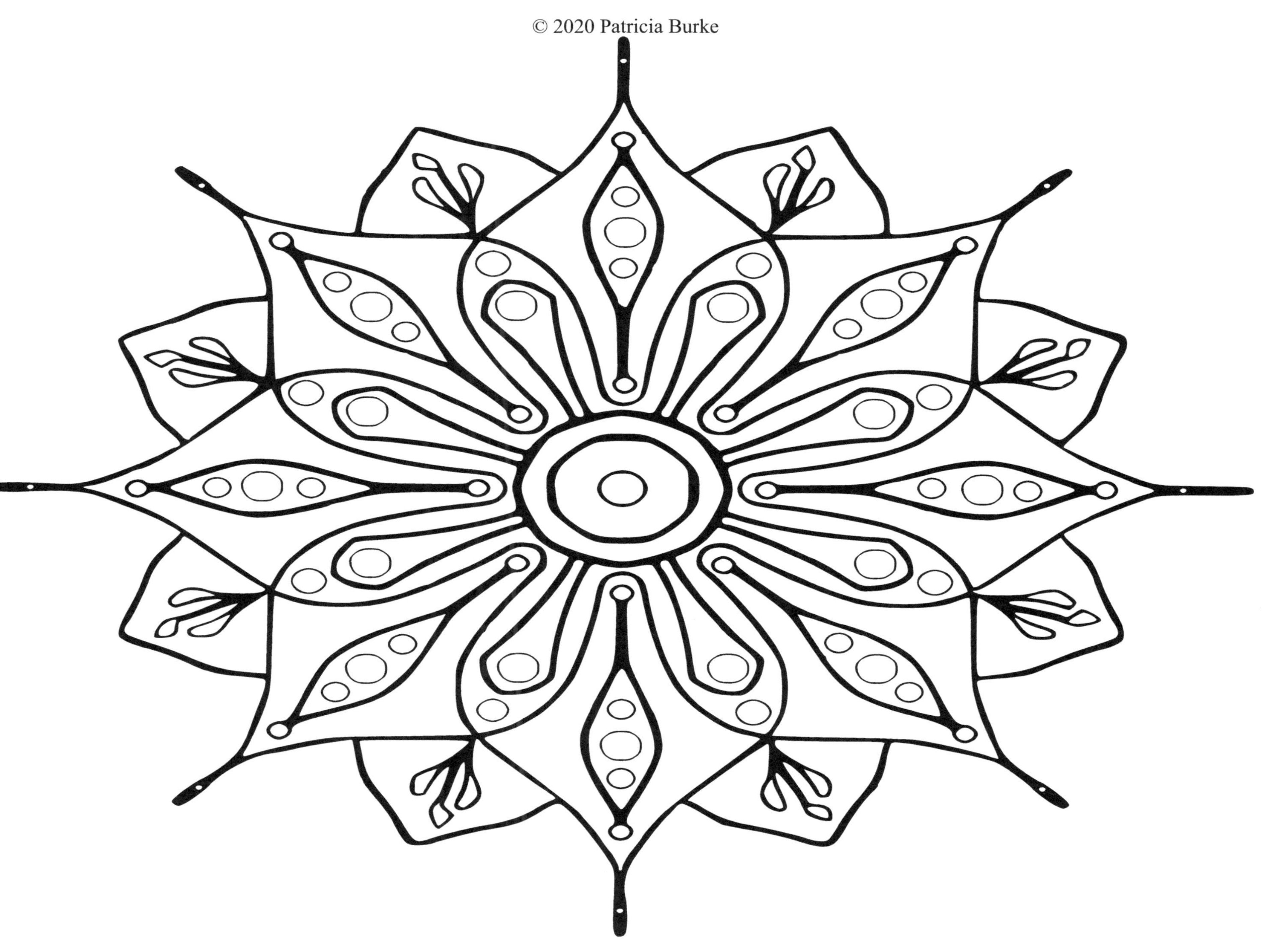

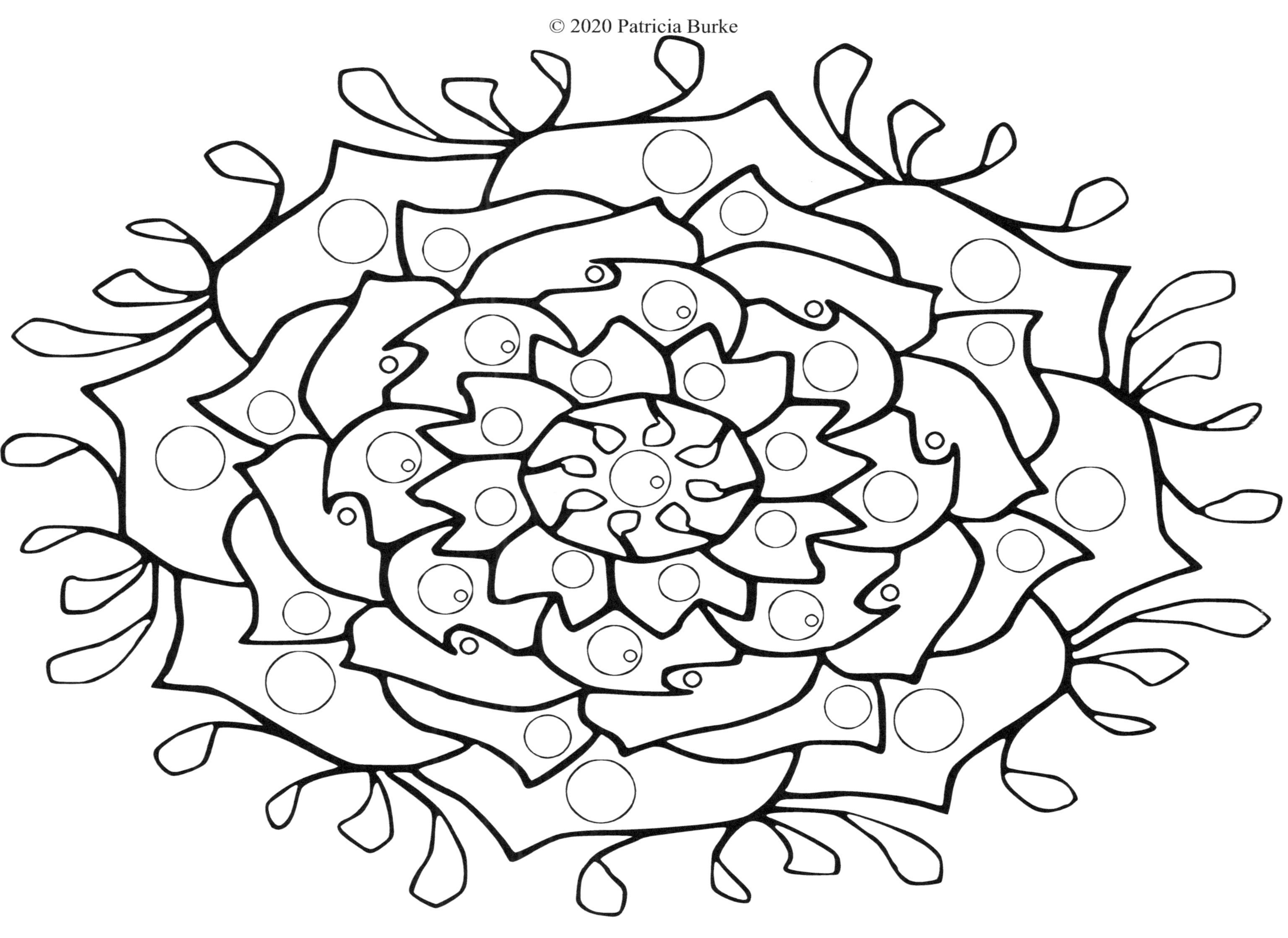

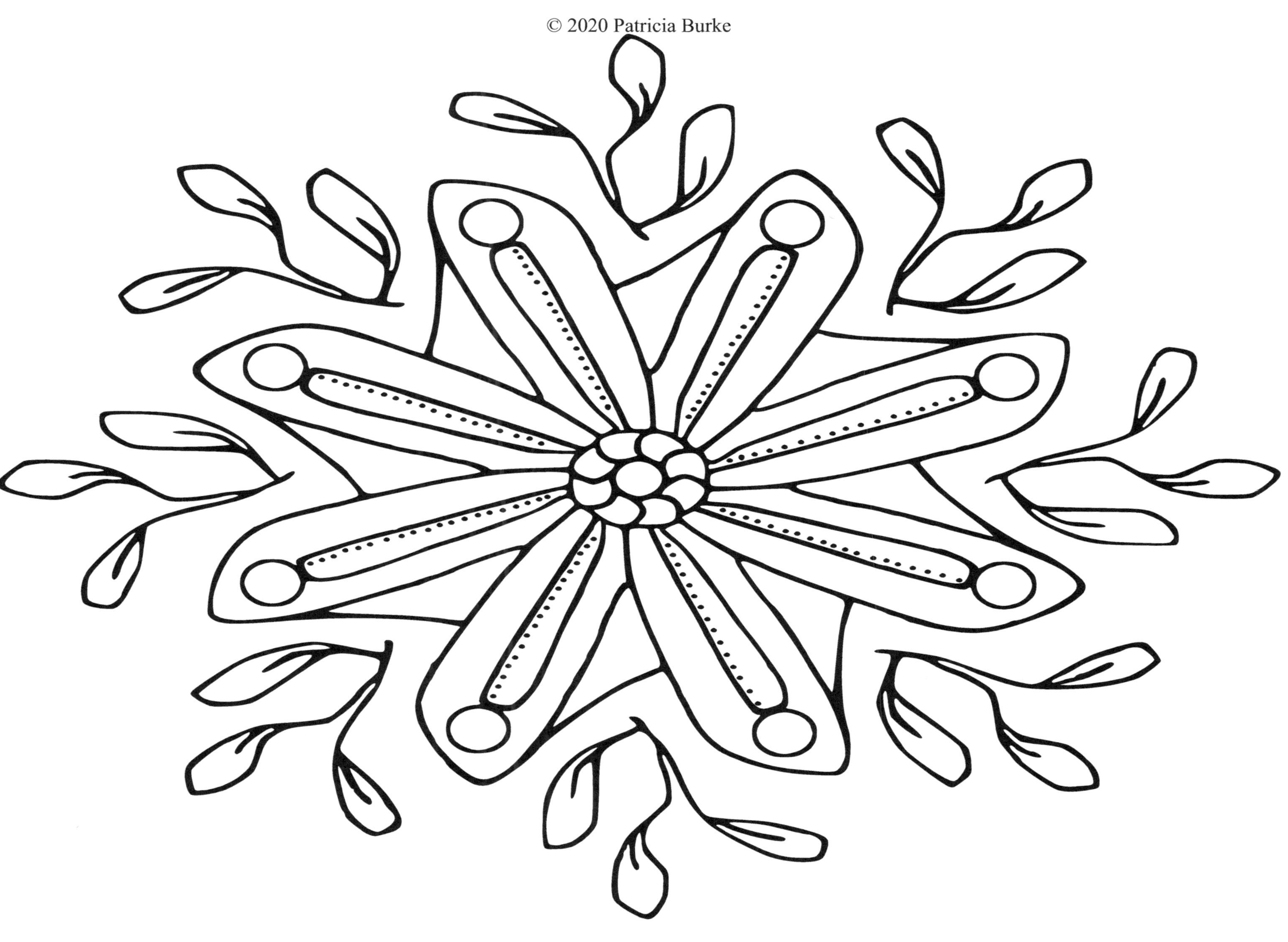

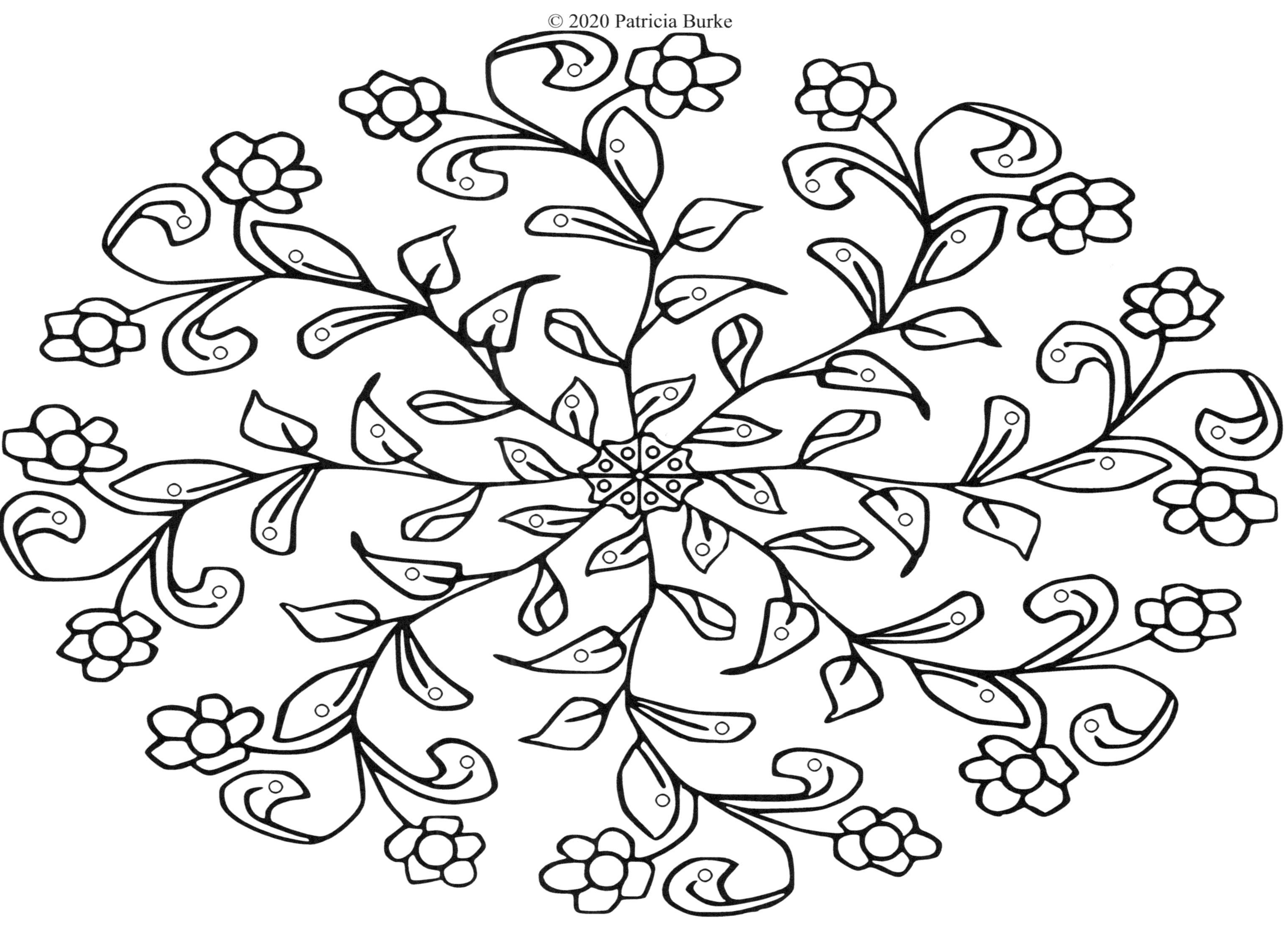

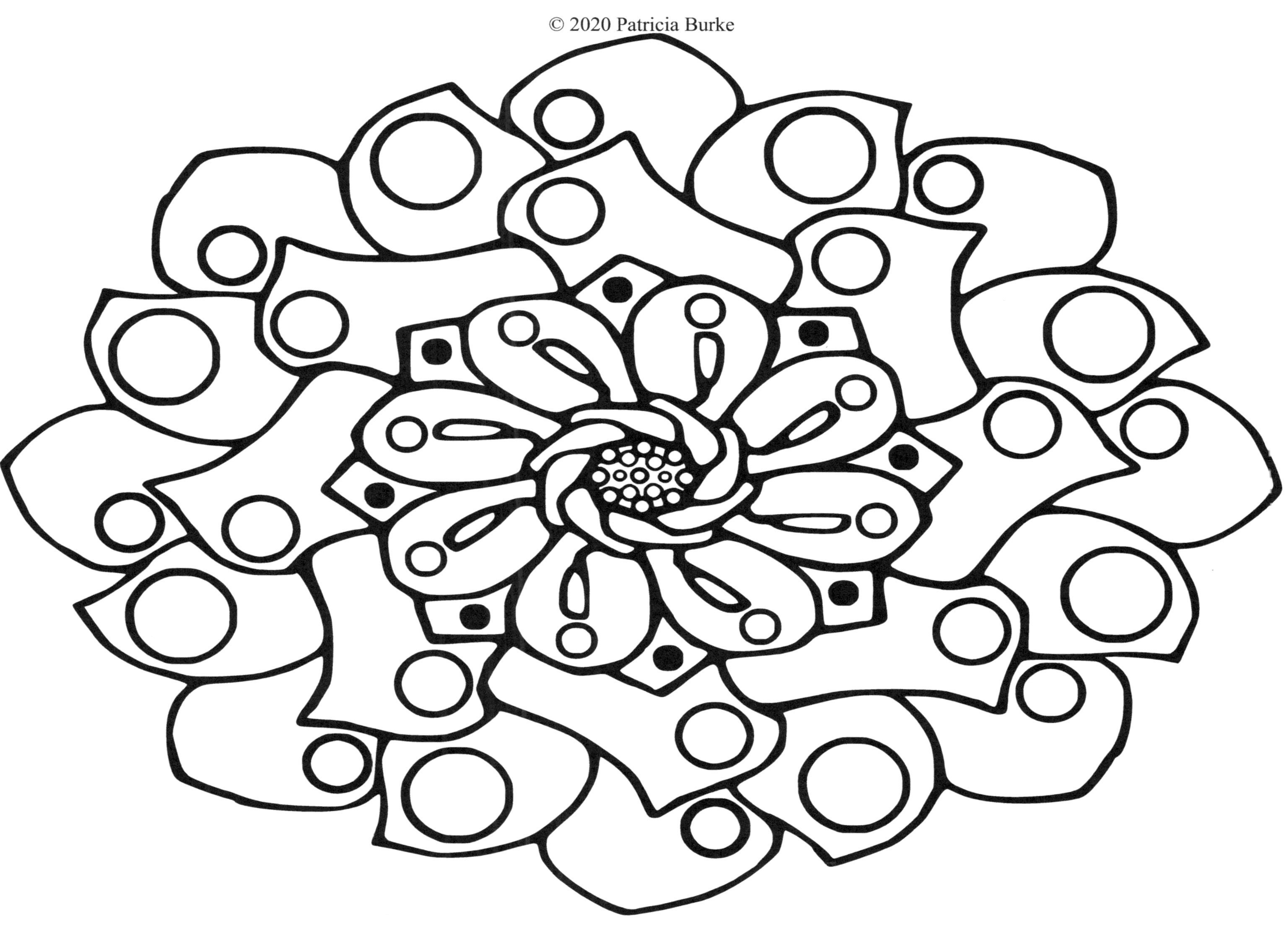

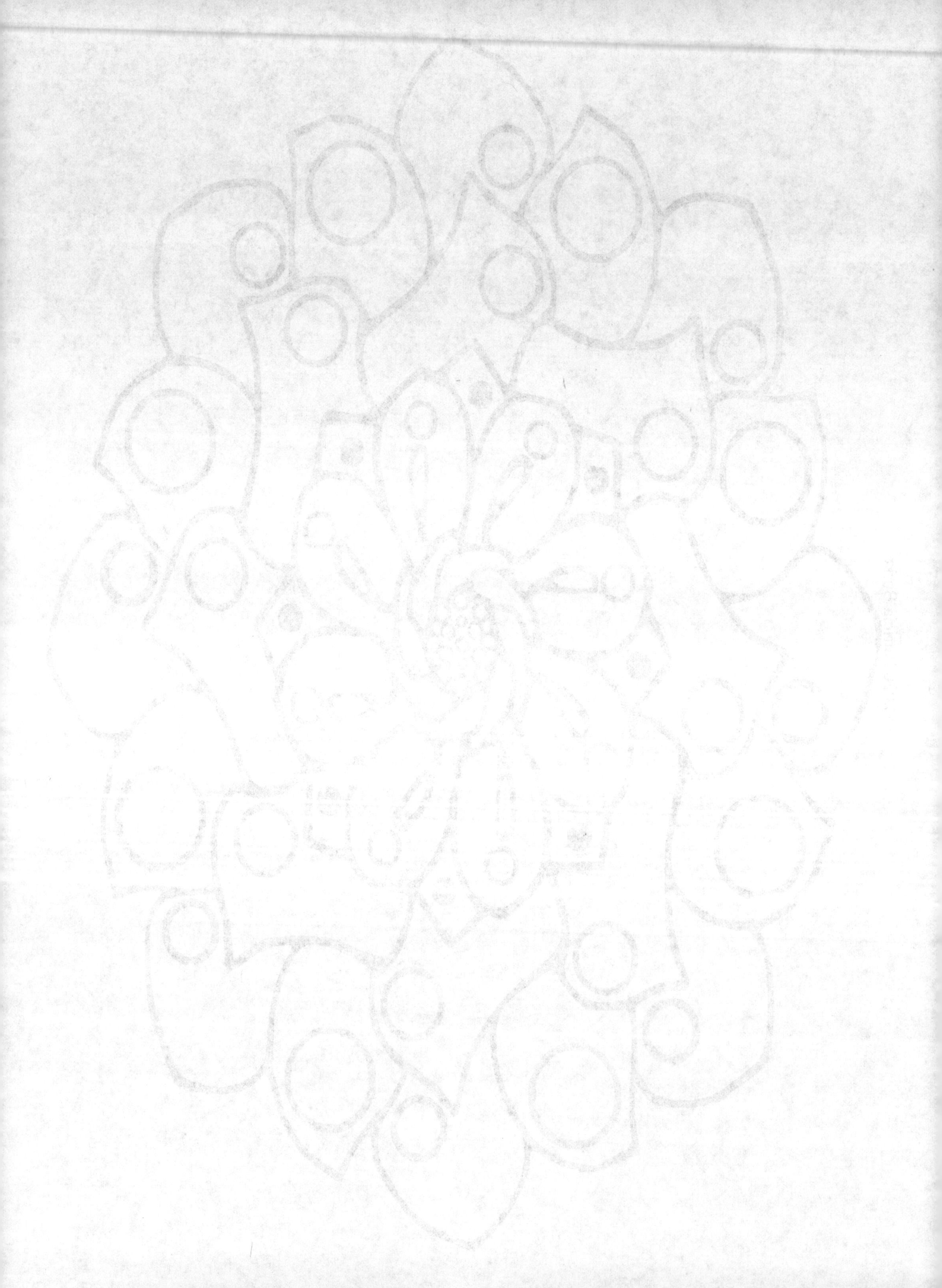

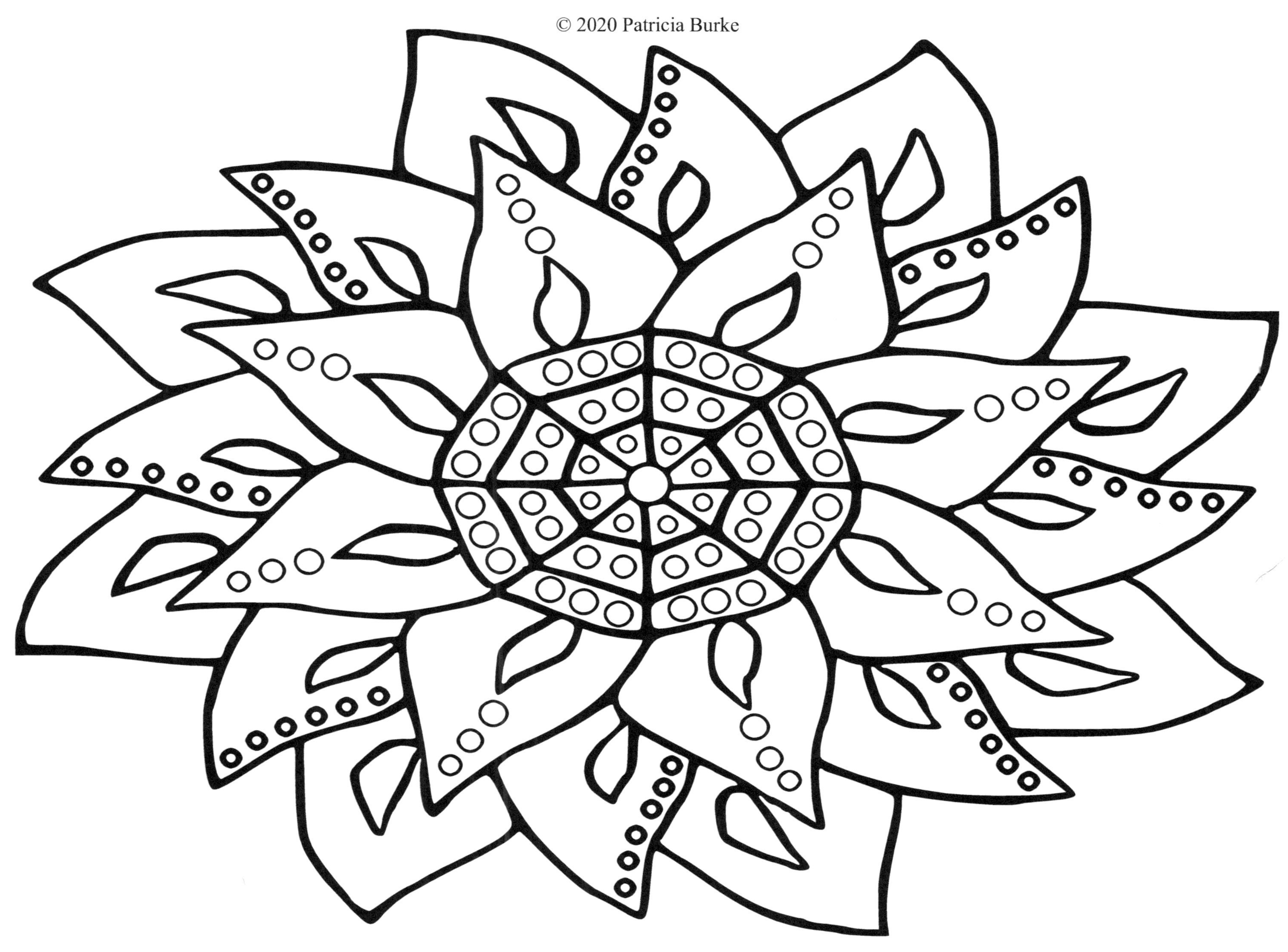

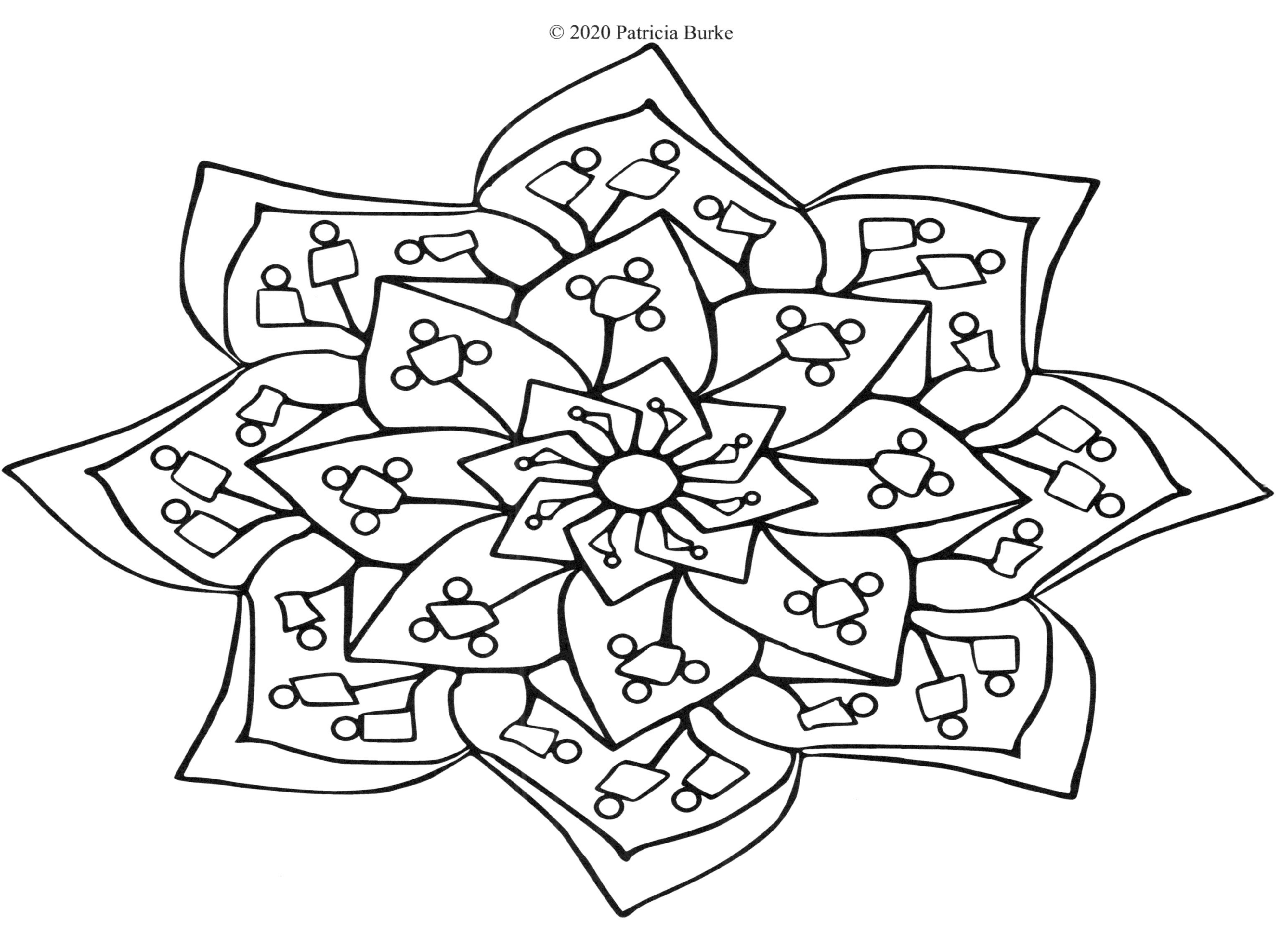

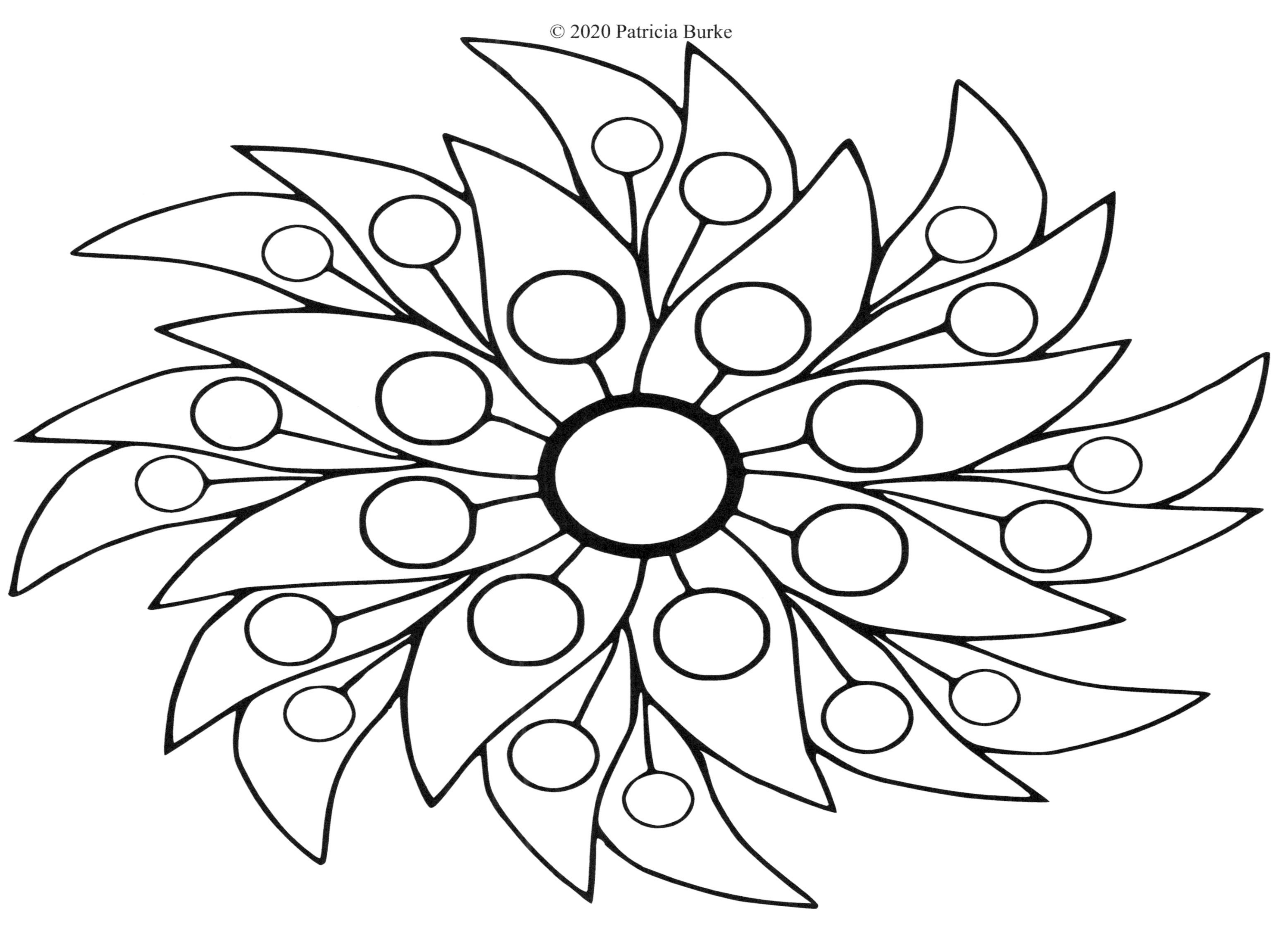

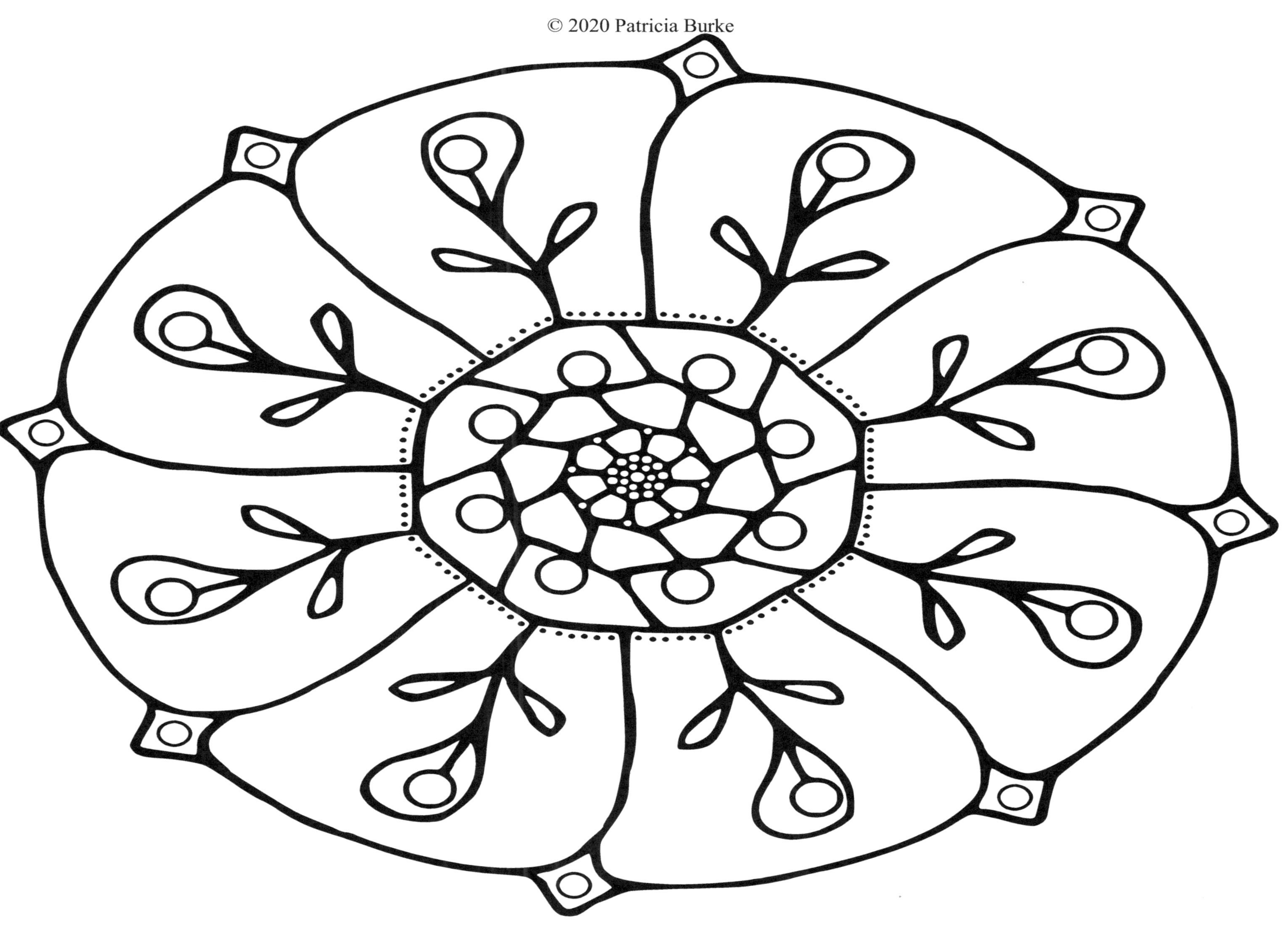

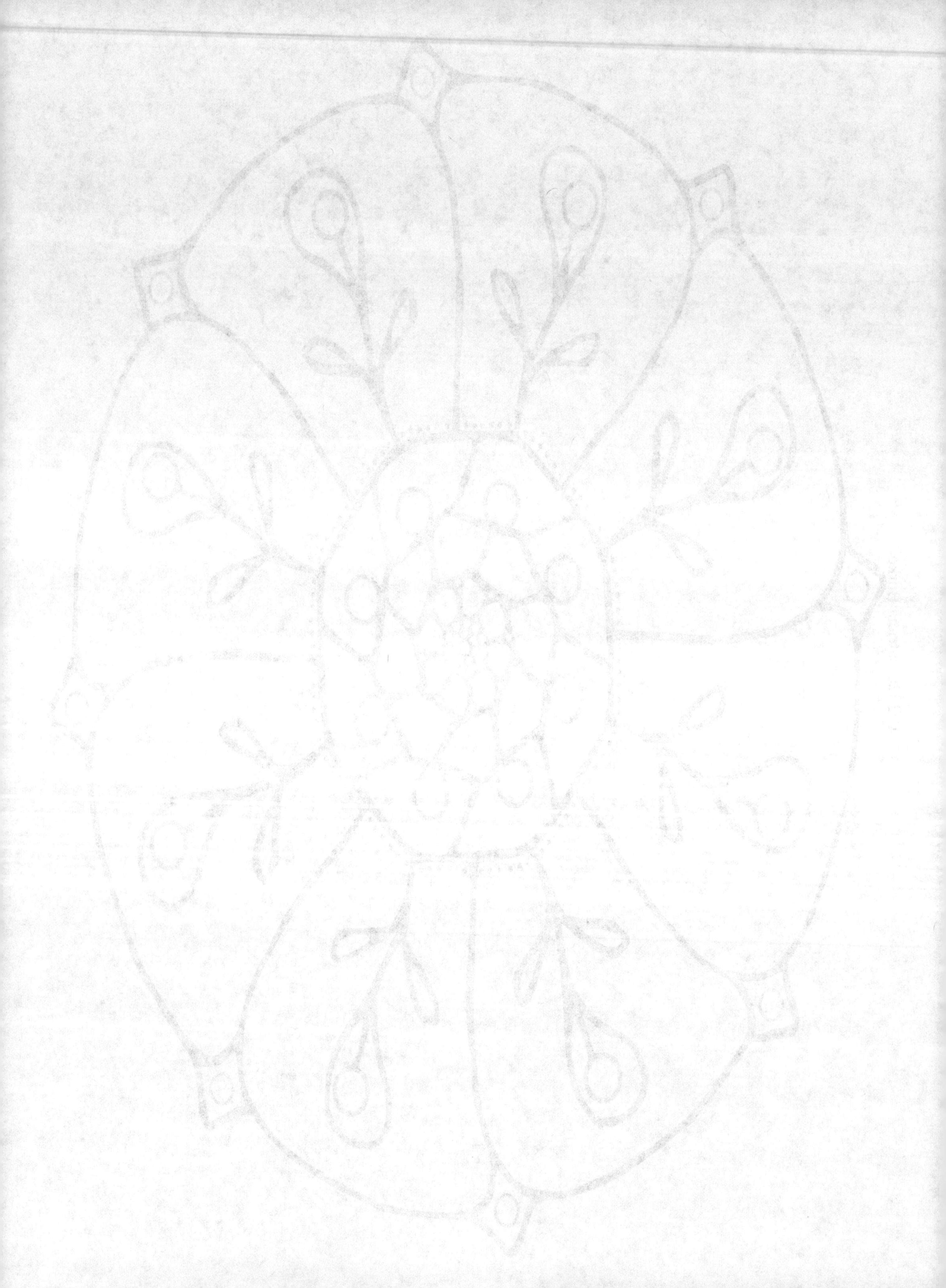

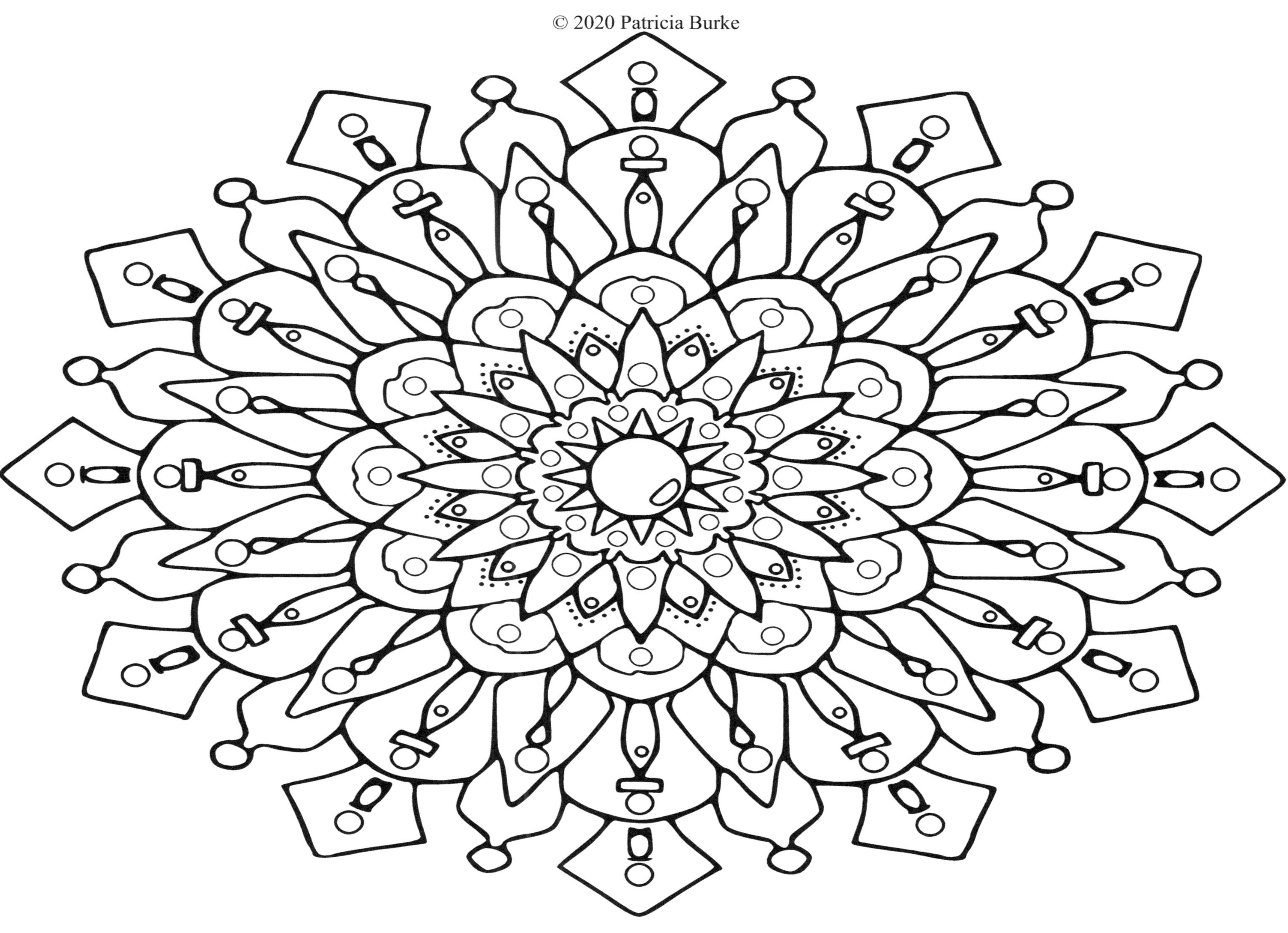

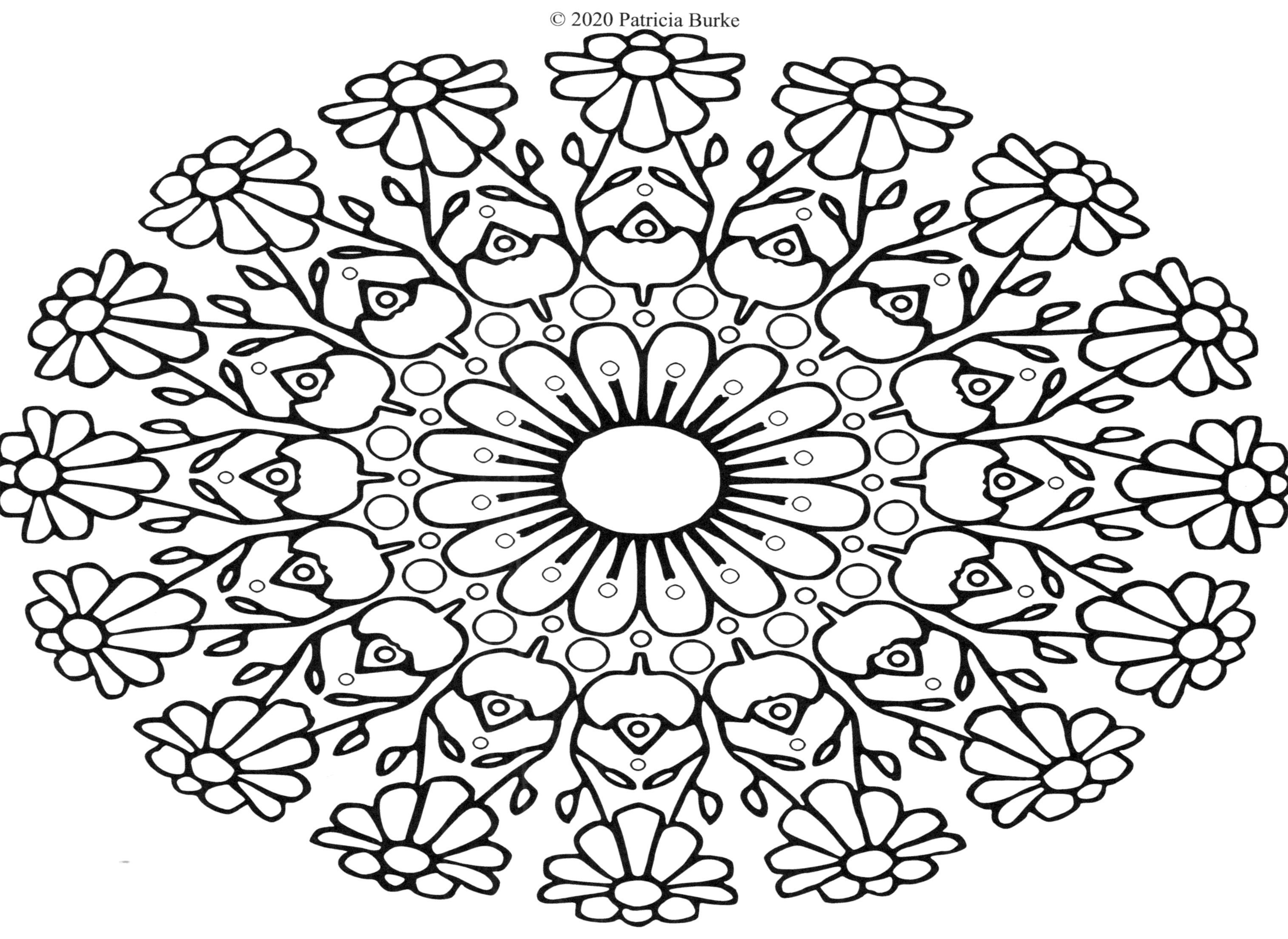

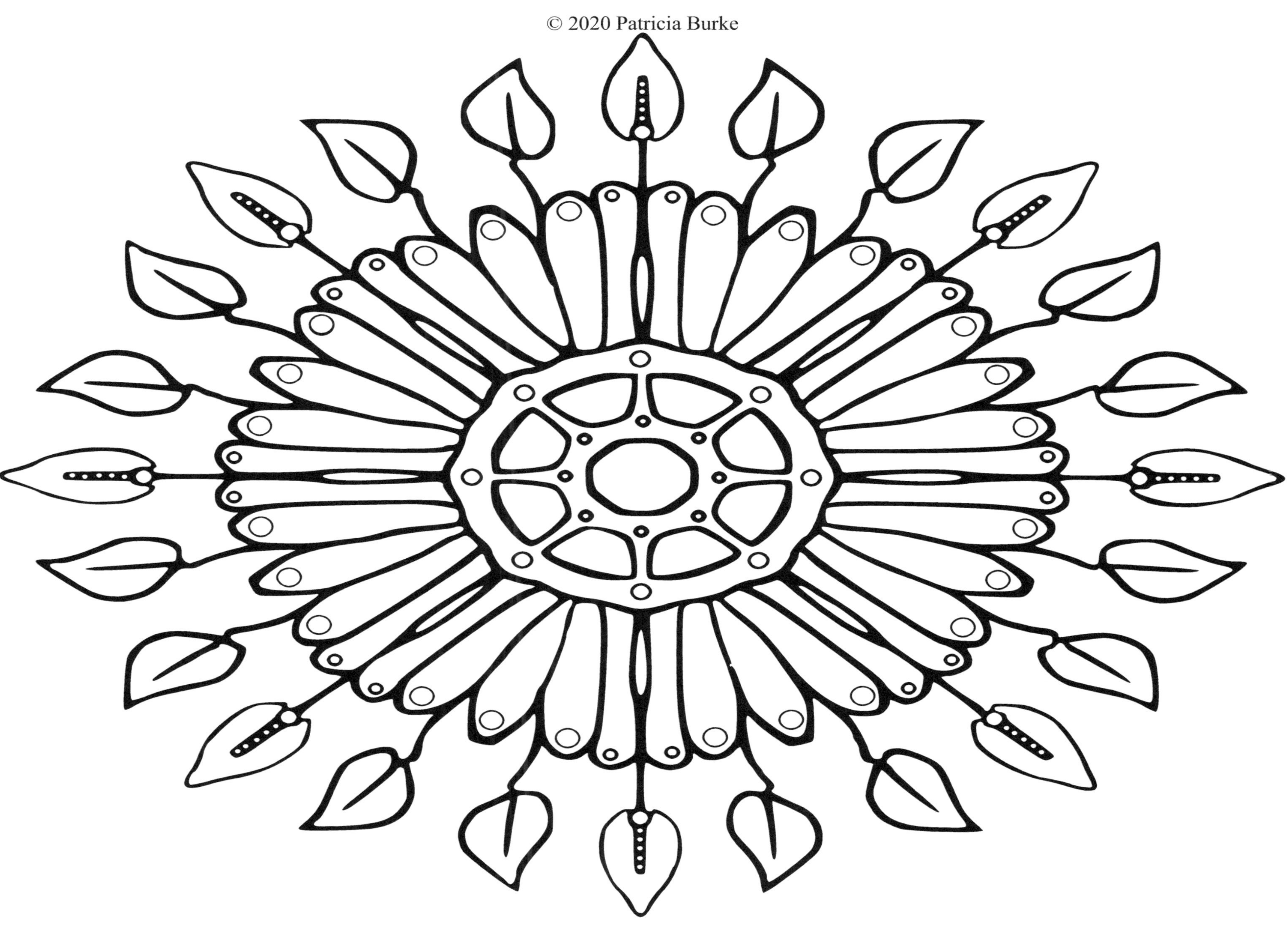

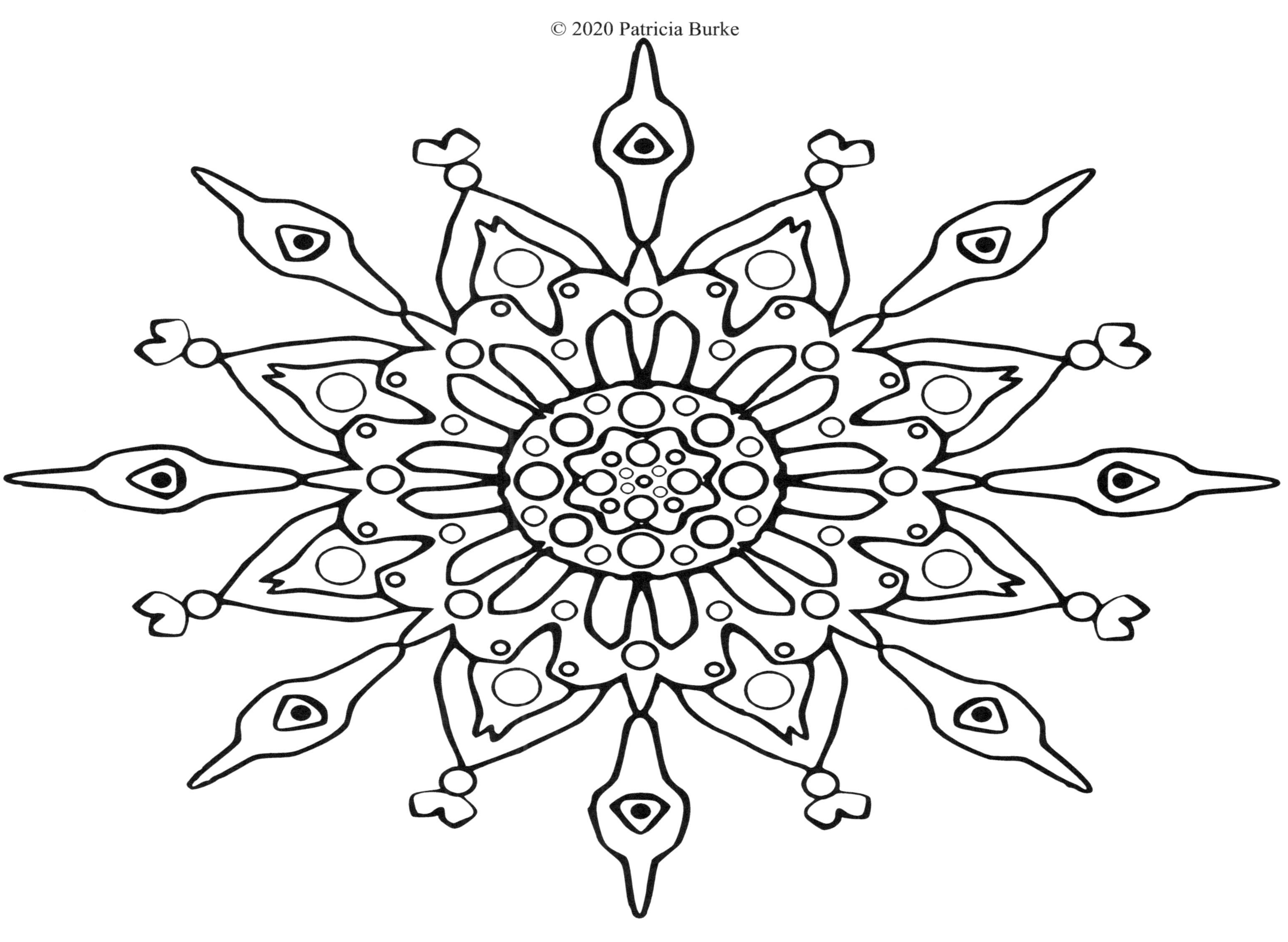

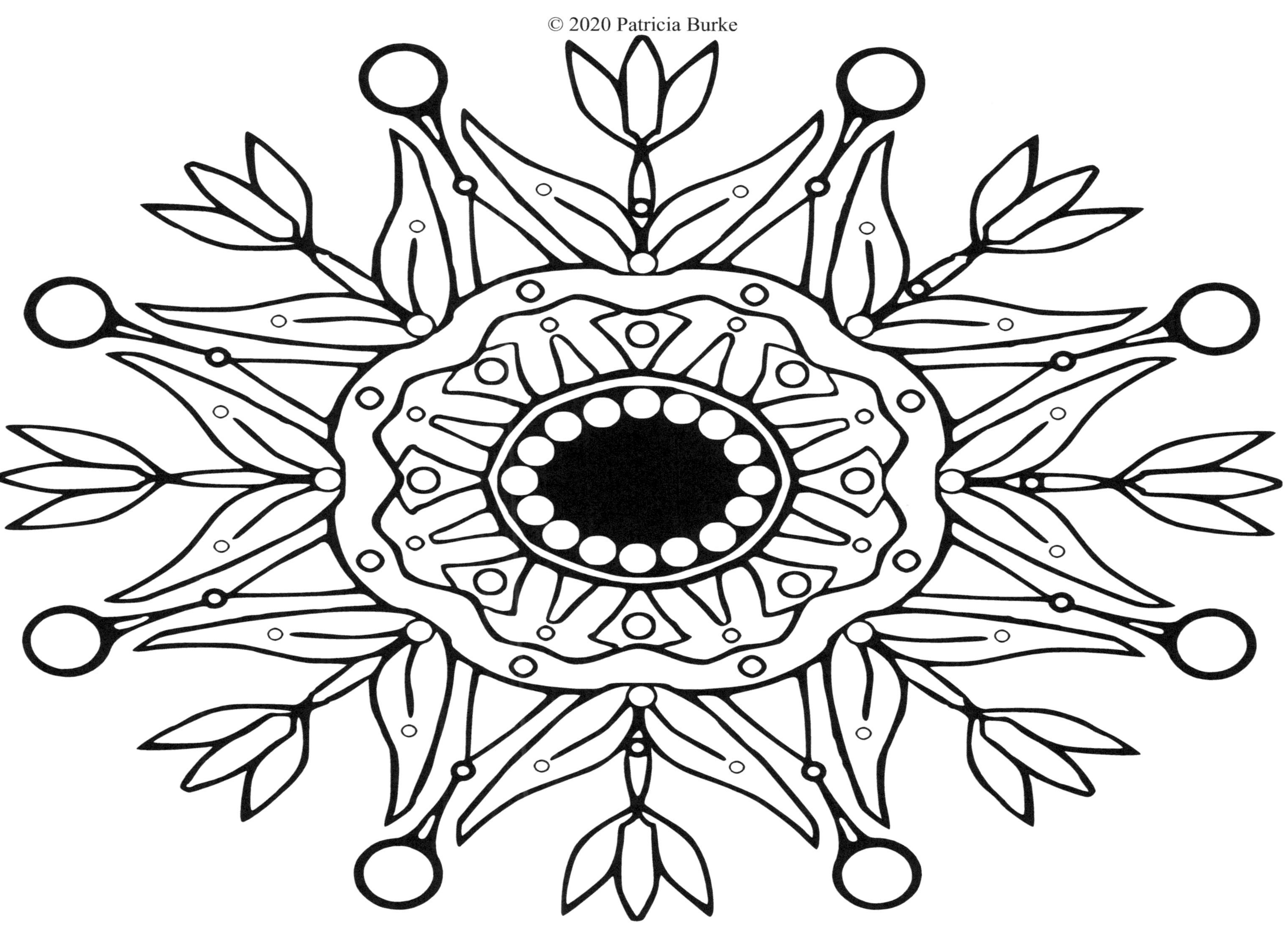

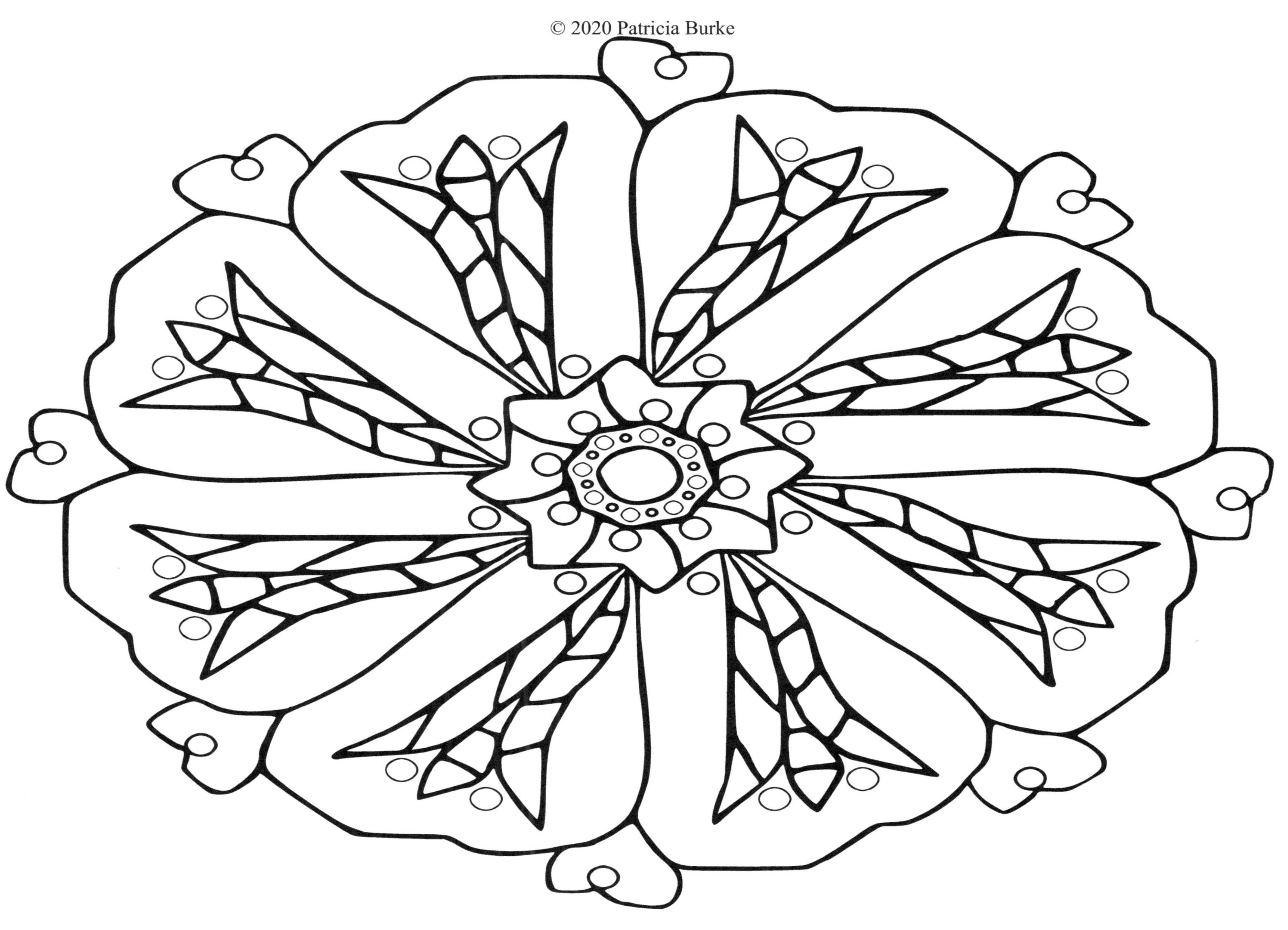

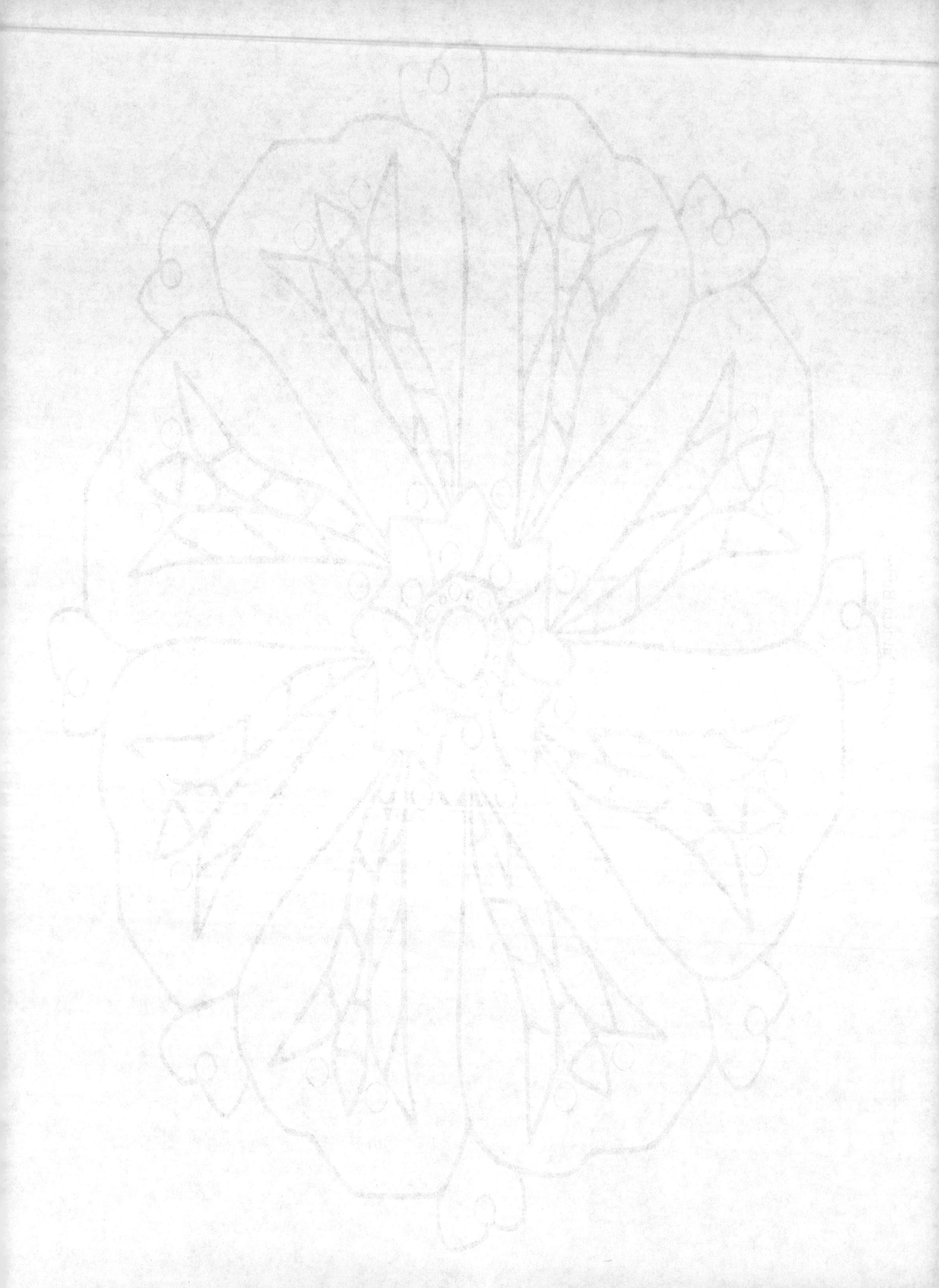

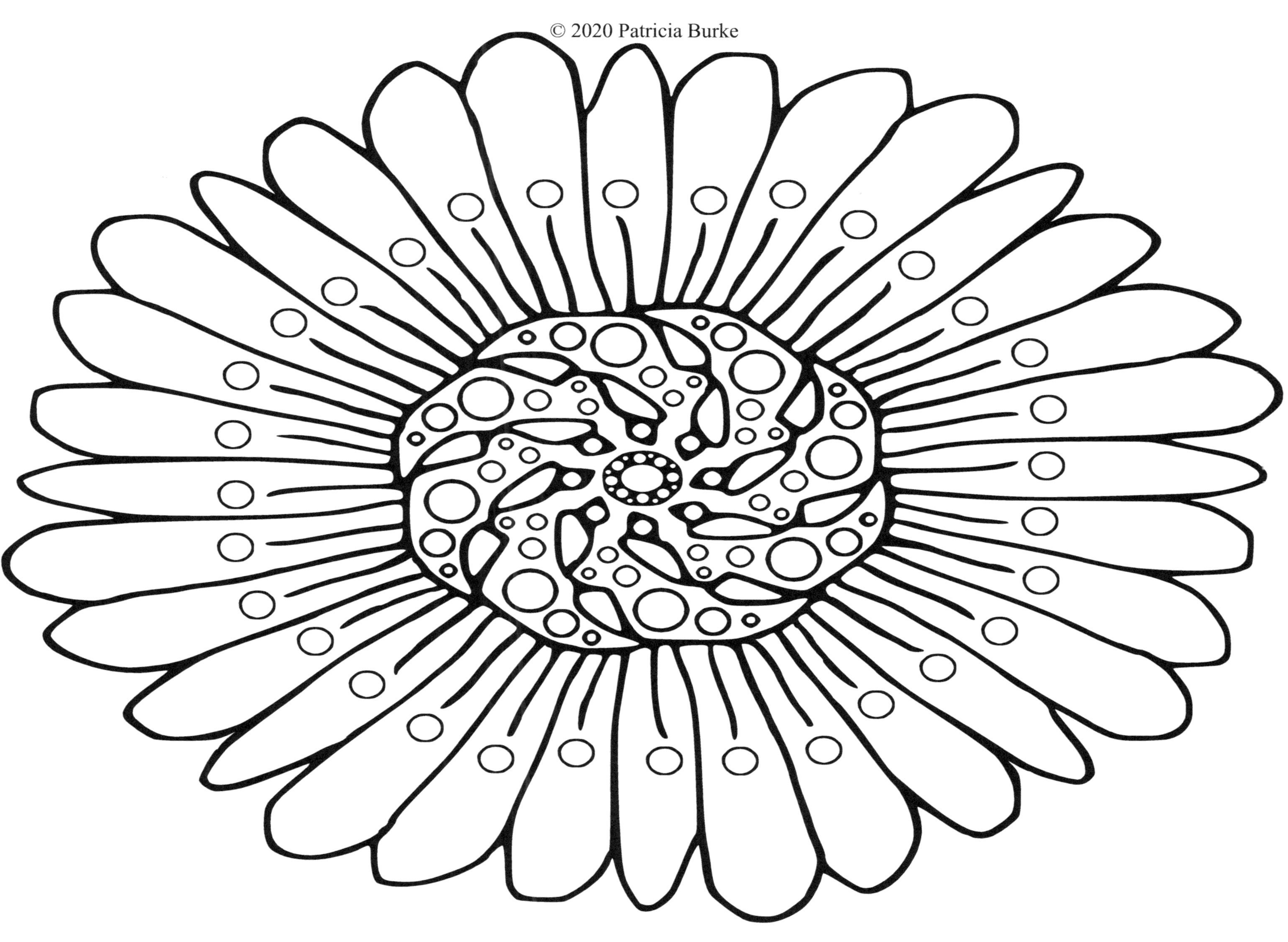

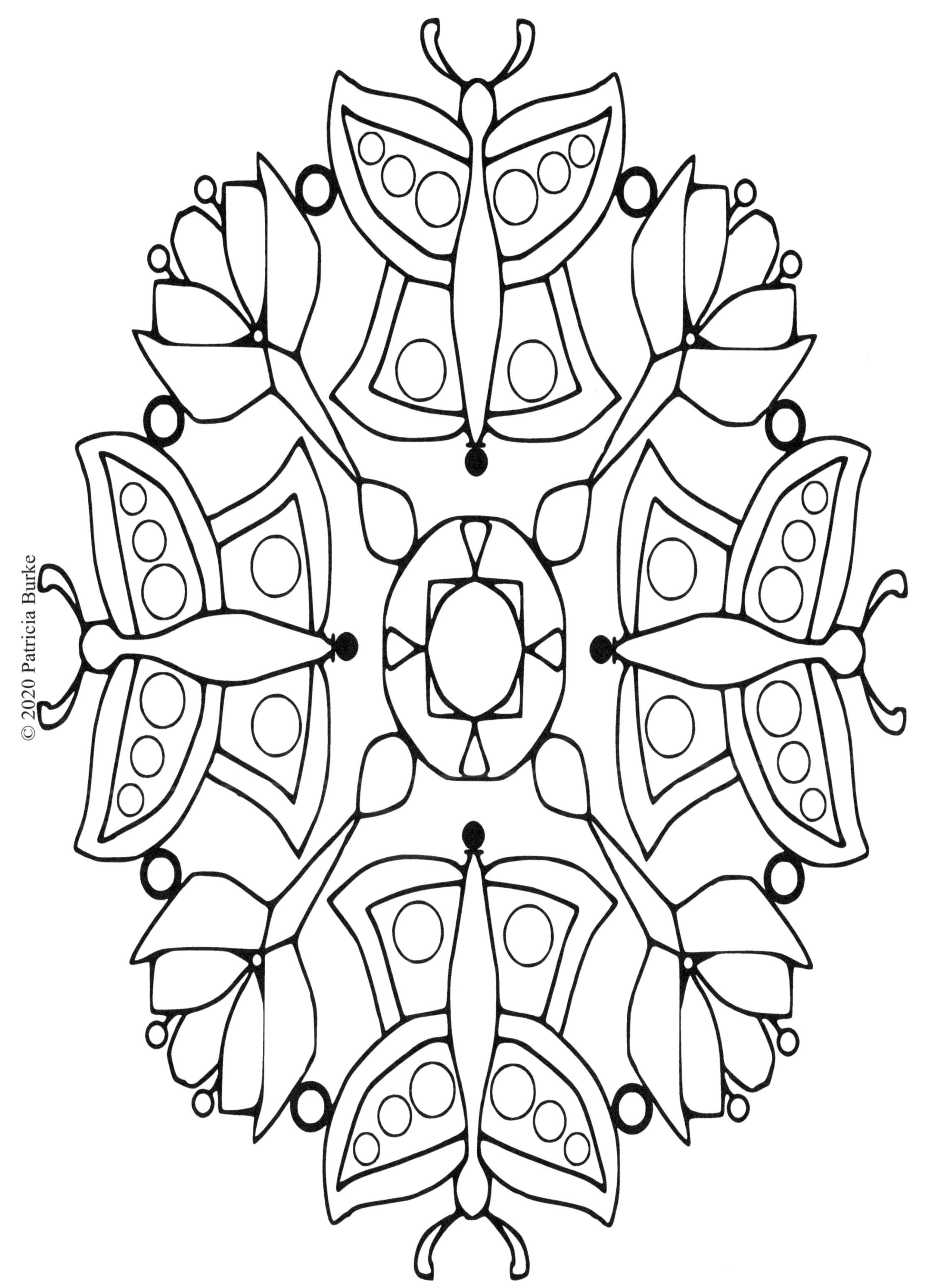

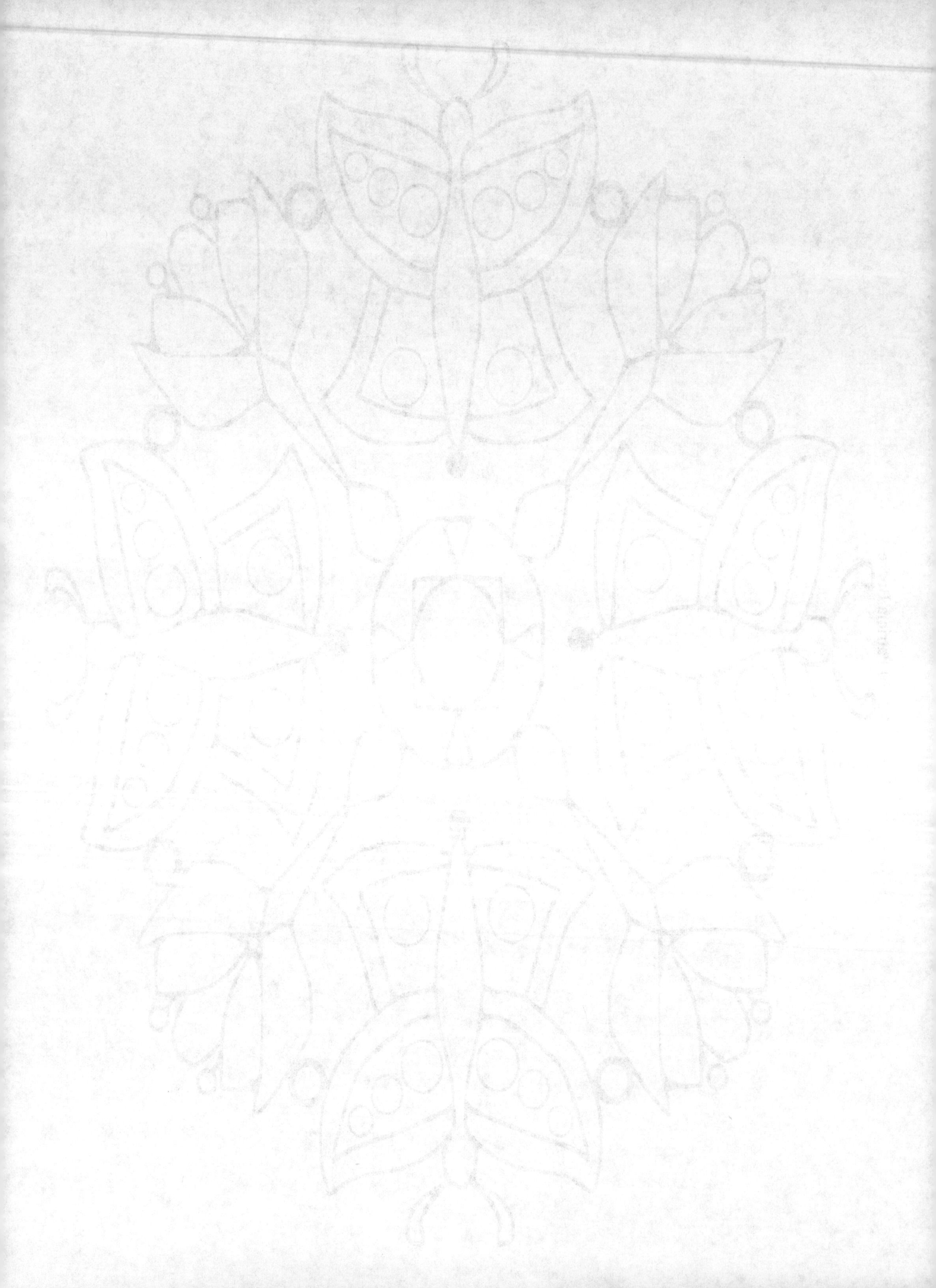

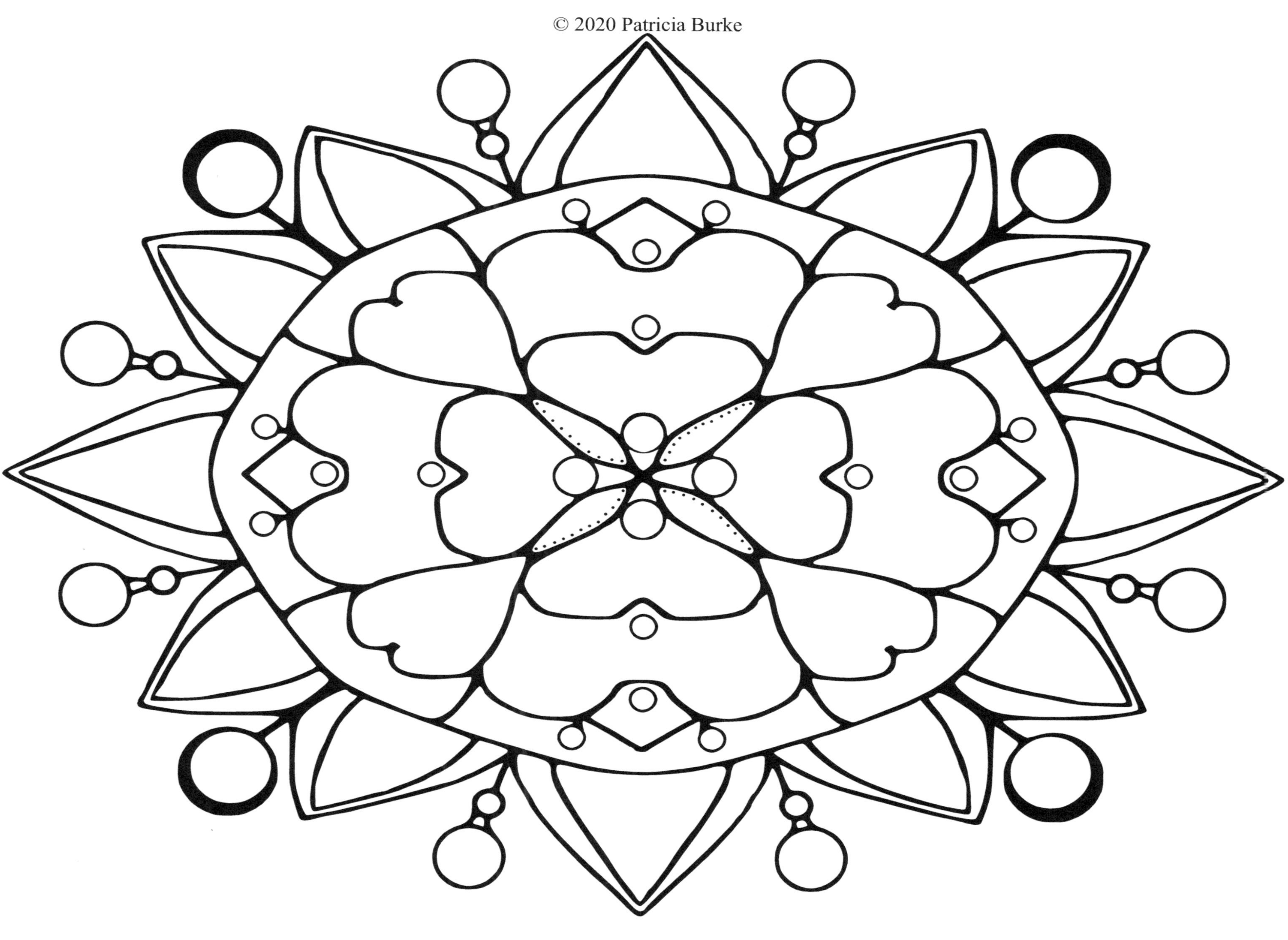

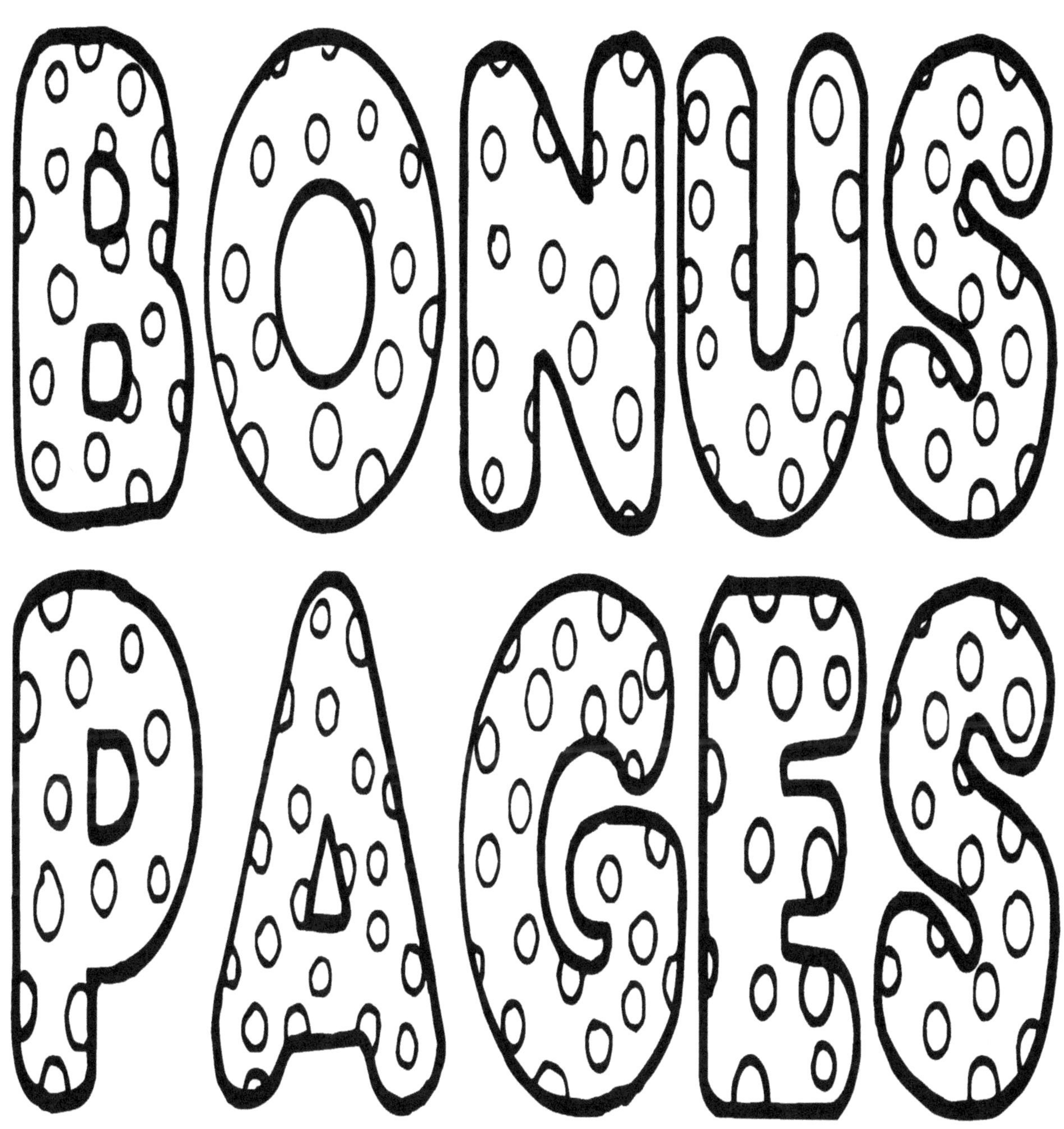

Chubby Dotty font courtesy of 1001fonts.com

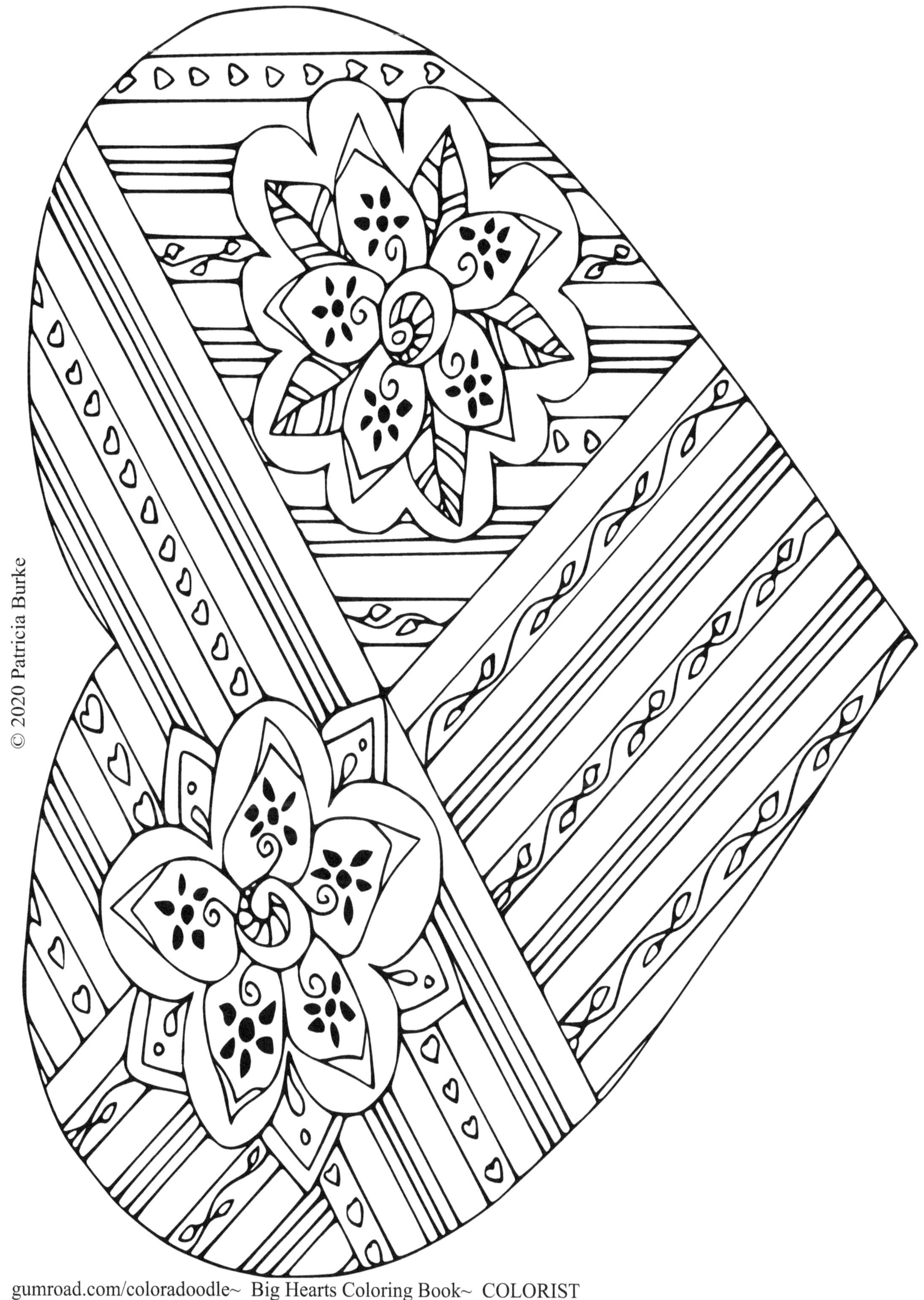

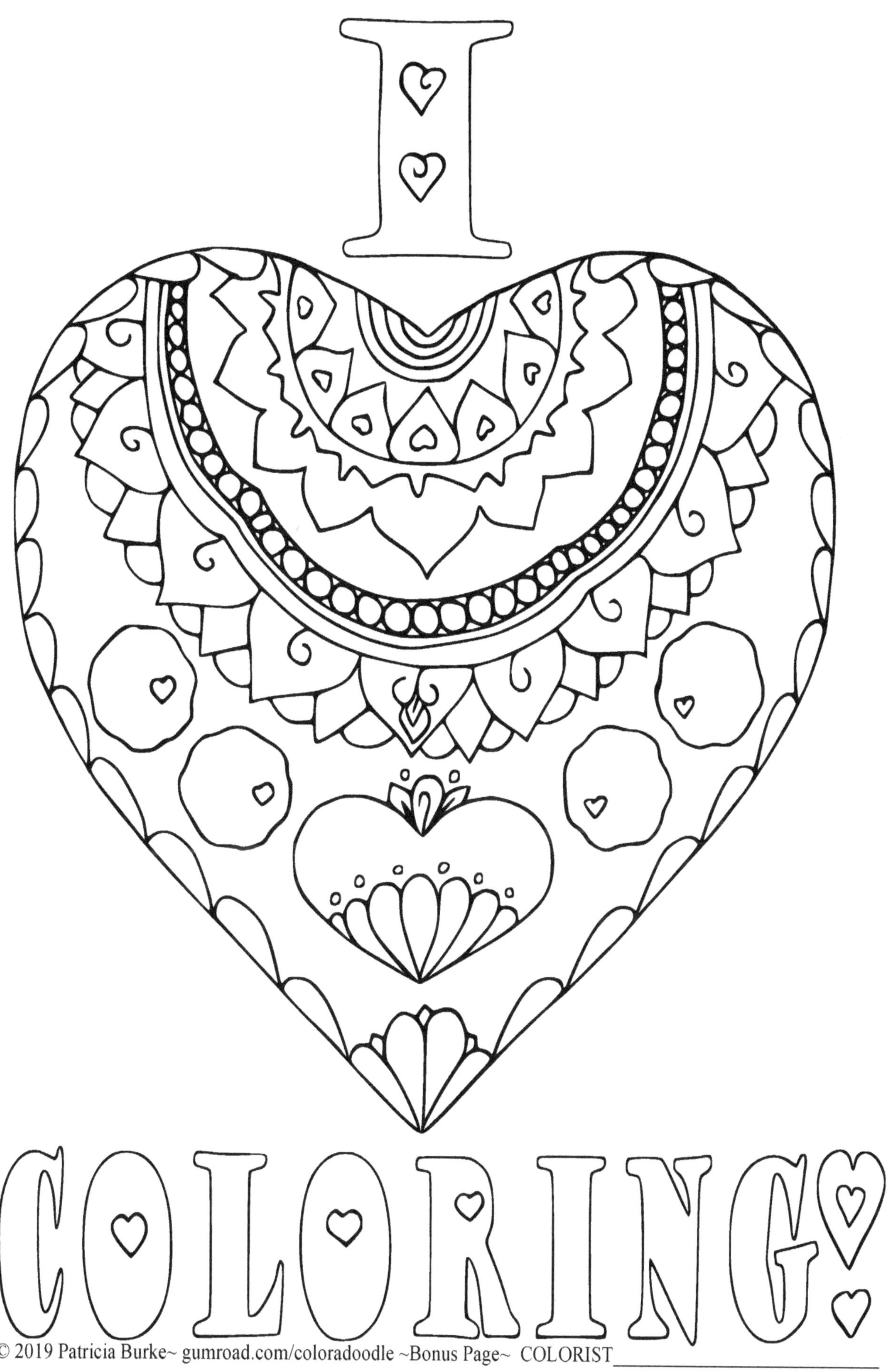

 COLORIST_______________________

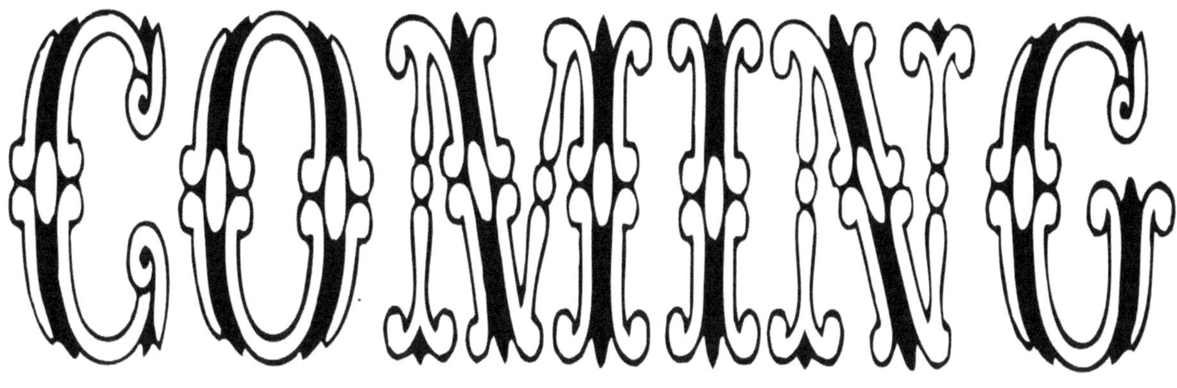

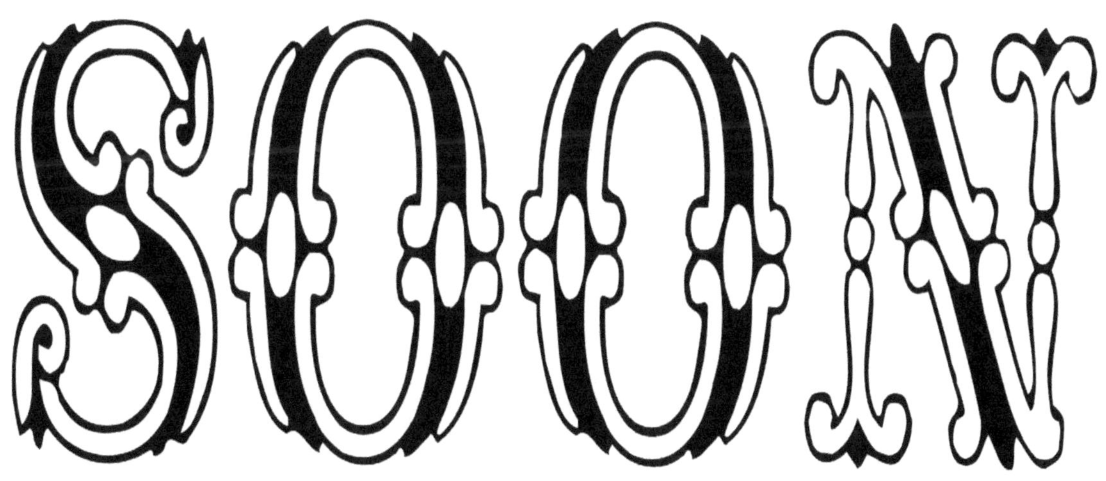

fontanesi font courtesy of 1001fonts.com

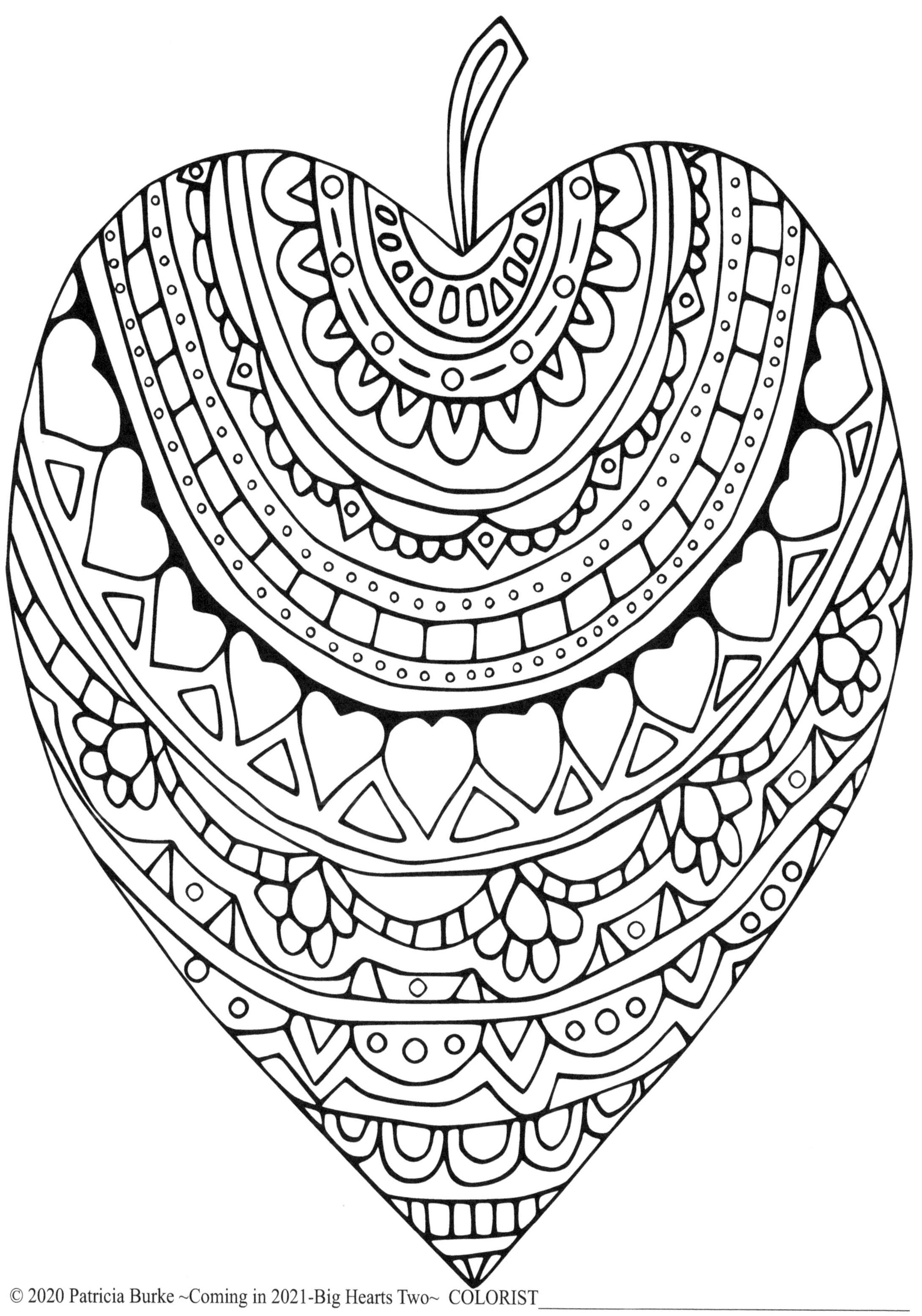

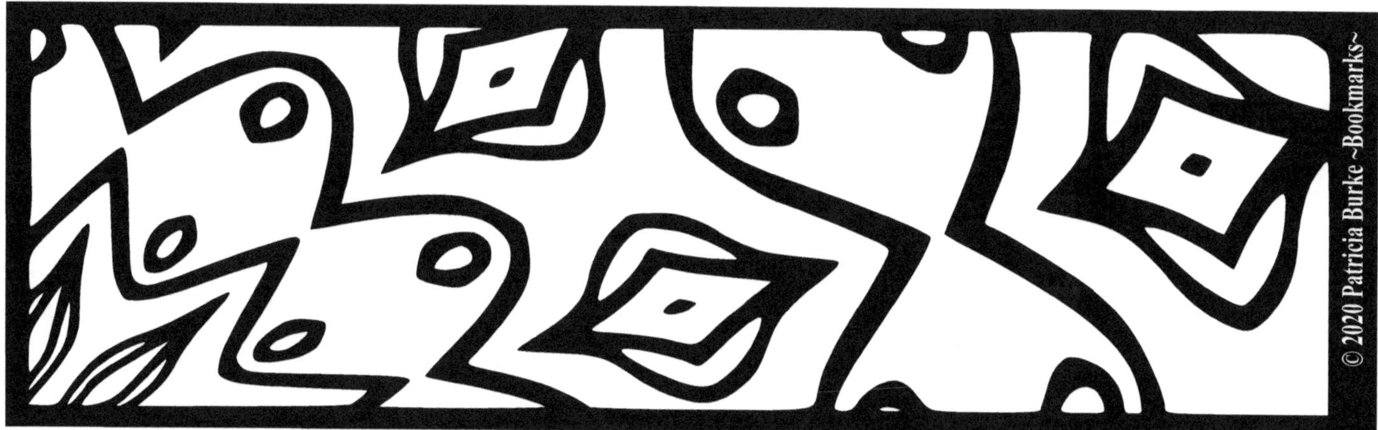

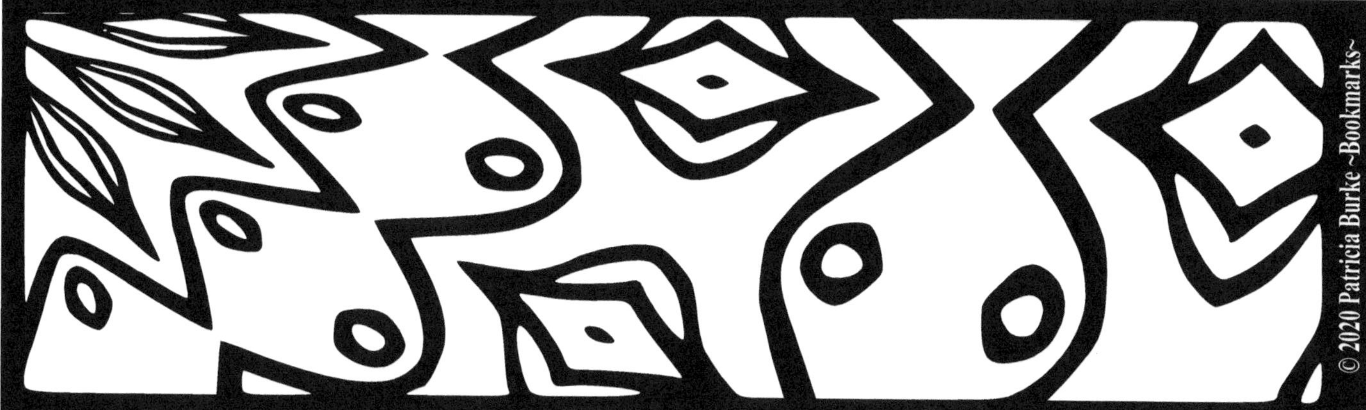

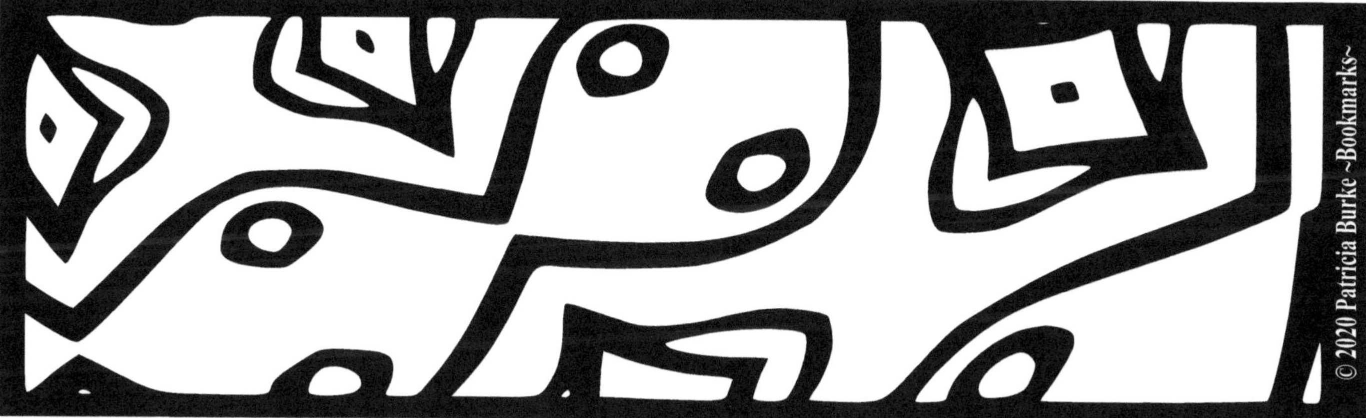

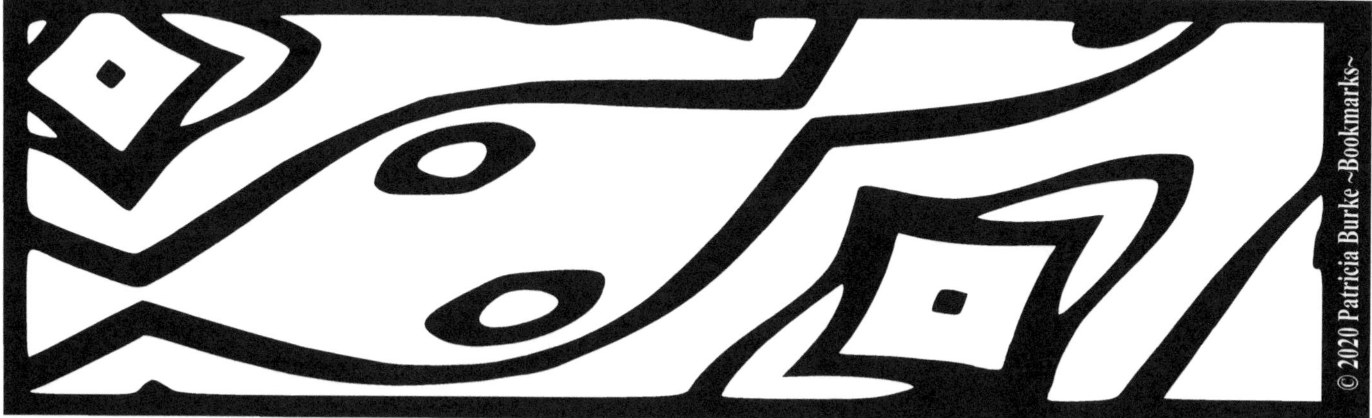

gumroad.com/coloradoodle~ Bonus Bookmarks ~ COLORIST________________________________

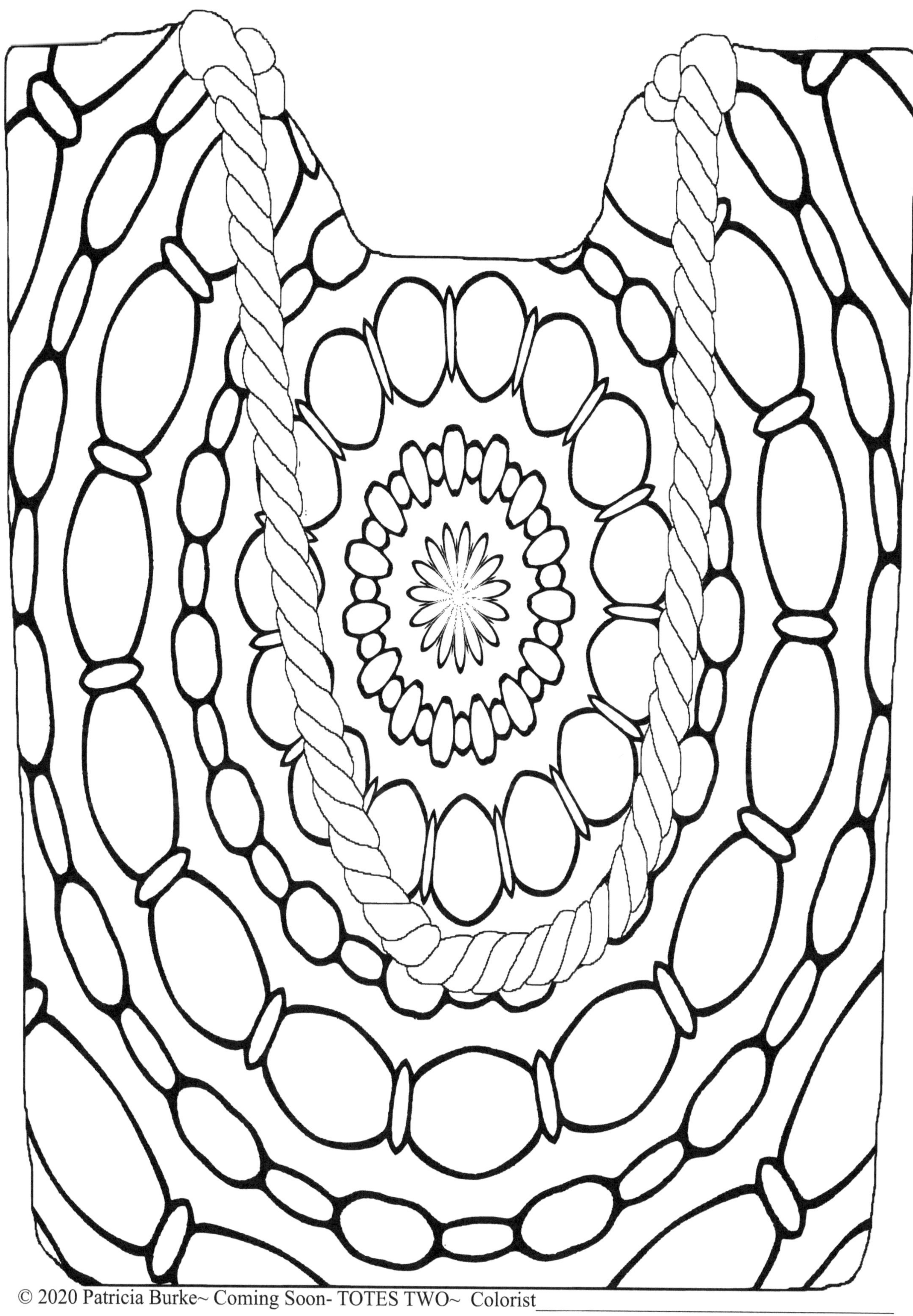

 Colorist________________________________

BLOTTER PAGE

BLOTTER PAGE

BLOTTER PAGE

www.ingramcontent.com/pod-product-compliance
Lightning Source LLC
LaVergne TN
LVHW081614110826
845155LV00039BA/194
* 9 7 8 1 9 5 1 5 7 6 0 9 7 *